Leo G. Linder

Wie werde ich Papst?

Leo G. Linder

Wie werde ich Papst?

Illustriert von Florian Mitgutsch

Boje

© 2009 Boje Verlag, Köln
Alle Rechte vorbehalten
Einbandillustration: Florian Mitgutsch
Einbandgestaltung: Büro Ziegler, Köln
Gesamtherstellung: Verlags- und Medien AG, Köln
Printed in E.U.

ISBN 978-3-414-82151-5

1. Auflage

www.boje-verlag.de

Inhalt

1. Da hast du dir was vorgenommen!

Du willst Papst werden? Du könntest dir also wirklich vorstellen, irgendwann einmal der Mann in Weiß zu sein, der hoch über dem Petersplatz ans Fenster tritt und vor den Augen einer riesigen Menschenmenge dem ganzen Erdkreis seinen Segen erteilt? Es dürfte nicht viele in deinem Alter geben, denen das in den Sinn käme. Und es ist ja, offen gesagt, auch eine ausgefallene, sogar eine ziemlich verrückte Idee. Warum? Schon deshalb, weil man nicht Papst werden kann, wie man Busfahrer oder Maschinenbauingenieur wird. Es lässt sich nicht planen. Zu viele Menschen haben dabei mitzureden – und nicht nur Menschen, nebenbei gesagt.

Außerdem sind deine Chancen, Papst zu werden, etwa ebenso groß, wie sechs Richtige im Lotto zu haben, oder noch geringer. Nur alle zehn bis zwanzig Jahre wird ein neuer Papst gebraucht, und theoretisch käme dann jeder aus der riesigen Menge von einer Milliarde Katholiken als Kandidat infrage – genauer gesagt: jeder, der katholisch getauft und männlichen Geschlechts ist. Du hättest also furchtbar viel Konkurrenz. Wer Papst werden will, der träumt einen kühnen, einen außerordentlich kühnen und seltenen Traum. Doch warum nicht? Wenn andere den Kopf darüber schütteln, könnte es auch sein, dass sie etwas derartig Abenteuerliches selbst nicht zu träumen wagen.

Kein einfacher Job

Eine leichte Aufgabe ist es allerdings nicht. Papst zu werden scheint sogar etwas beinahe Furchterregendes zu sein. Immerhin acht Päpste hat es im letzten Jahrhundert gegeben, acht Männer haben es in diesem Zeitraum tatsächlich geschafft, doch nicht einmal die scheinen darauf aus gewesen zu sein, Papst zu werden. Nach allem, was man hört, waren sie regelrecht bestürzt, als die Wahl auf sie fiel.

»Ich hatte das Gefühl, als ob ein Fallbeil auf mich herabsausen würde«, so erinnert sich der deutsche Papst **Benedikt XVI.** an den Augenblick seiner Wahl. Und sein Vorgänger, der polnische Papst Johannes Paul II., soll in diesem Moment sogar einen Schwächeanfall erlitten haben.

Die beiden sind keine Ausnahmen. Von vielen anderen Päpsten, auch aus früherer Zeit, weiß man, dass sie schwer erschüttert waren. Dass die Erkenntnis, nun wahrhaftig Papst zu sein, sie wie ein Schlag getroffen hat und dass sie die Wahl nur widerstrebend und bangen Herzens angenommen haben. Vielleicht heißt er deshalb **Tränensaal**, jener Raum, in den jeder neugewählte Papst als Erstes geführt wird, um seine purpurrote Kardinalskleidung gegen die blütenweißen Papstgewänder zu vertauschen. Wahrscheinlich hat mancher Papst hier tatsächlich vor Erschütterung geweint, bevor er sich lächelnd der wartenden Menschenmenge draußen auf dem Petersplatz zeigte.

Kein Jubel also, sondern Furcht und Zittern – das ist die erste Reaktion. Dir würde es in dieser Stunde vermutlich nicht anders ergehen, denn als Papst käme auch auf dich die ungeheure Aufgabe zu, ein Unternehmen zu leiten, das sich in zweitausend Jahren zur größten geistigen Weltmacht entwickelt hat. Man könnte sagen: Was die USA auf politischem und militärischem Gebiet darstellen, nämlich die einzige echte Supermacht dieser Erde, das ist die katholische Kirche im geistigen Bereich.

Das heißt, rund eine Milliarde Menschen – vielleicht auch noch viel mehr – erwarten von dir und deinen Mitarbeitern, den Bischöfen und Priestern, zuverlässige Antworten auf all die Fragen, die sich jedem Menschen stellen, wenn er zum Nachdenken kommt. Antworten auf Fragen wie: Gibt es ewig gültige Maßstäbe und Werte? Gibt es unvergängliche Wahrheiten? Worauf kann ich vertrauen? Wie werde ich mit Unglück, Krankheit und Tod fertig? Und worauf kommt es an, wenn ich im Leben glücklich werden will? Schwierige, grundsätzliche Fragen sind das, und deine Antworten sollten für Menschen aller Kontinente und aller Kulturen wahr und gültig sein, sogar über den Tod hinaus.

Mit anderen Worten: Mindestens ein Sechstel der Menschheit setzt die größten Hoffnungen auf dich, und du wirst Einfluss darauf nehmen, was diese Menschen denken und glauben, wie sie ihr Leben einrichten, worauf sie vertrauen. Und das in einer Welt, die sich in rasendem Tempo ändert und wo es so viele verschiedene Wahrheiten zu geben scheint, wie es Menschen gibt. Als Papst muss man sich also geradezu gegen den Wandel der Zeit stemmen, muss alle Kräfte gegen die schnellen Antworten aufbieten, die heute richtig und morgen schon überholt sind – wer hätte da nicht das Gefühl, von dieser Aufgabe überfordert zu sein?

Zumal du dich nicht drücken kannst. Einmal gewählt, bleibst du Papst bis zum Ende deiner Tage. Denn dass du gewählt wurdest, verdankst du nicht einem beliebigen Zufall. Du verdankst es auch nicht allein der Weisheit der Kardinäle, die ihre Stimme für dich abgegeben haben. Du verdankst deine Wahl dem Willen Gottes.

Du bist also nicht nur gewählt, du bist auserwählt; du bist berufen, von Gott selbst beauftragt. Da zählen nun keine menschlichen Gründe und Argumente mehr, da ist es gleichgültig, ob du dich überfordert fühlst – dir bleibt nichts anderes übrig, als die Wahl anzunehmen und dich auf ein Leben einzurichten, das von nun an nicht mehr dir gehört. Wenn einem das bewusst wird, kann einem schon angst und bange werden, und die Bestürzung eines neuen Papstes ist nur allzu verständlich.

Habemus papam!

Dennoch löst die Wahl eines Papstes auch Jubel aus. Aber bei den anderen. Bei der Menge, die draußen auf dem Petersplatz in Rom gewartet hat, und den Millionen in aller Welt, die die Nachricht über Radio oder Fernsehen empfangen haben.

Erinnern wir uns nur an die Wahl des Jahres 2005. In der **Sixtinischen Kapelle** mit ihren prachtvollen Wandgemälden haben sich die Kardinäle zur Wahl versammelt, und auf dem **Petersplatz** sind schon frühmorgens Zehntausende zusammengekommen, Brasilianer, Polen, Amerikaner, ein paar Deutsche, viele Römer natürlich, zahlreiche Ordensleute, ganze

Familien, dazu Fernsehteams aus aller Welt, und jeder fiebert dem Zeichen entgegen. Dem Rauchzeichen. Dem weißen Qualm, der aus dem Kaminrohr unter dem Dach der Sixtinischen Kapelle quillt, sobald der neue Papst feststeht. Denn wie im Mittelalter wird auch heute noch nach jedem Wahlgang drinnen ein Feuerchen in einem Eisenofen entzündet – qualmt es dann schwarz aus dem Kaminrohr, hat noch kein Kandidat die nötige Mehrheit der Stimmen erhalten. Dringt **weißer Rauch** hervor, ist es so weit: Der neue Papst ist gefunden.

Nun warten sie dort also, auf dem Petersplatz. Viele beten. Keiner lässt das unscheinbare Rohr unter dem Dach der Sixtinischen Kapelle aus dem Auge. Plötzlich geht ein Raunen durch die Menge, Rauch dringt aus dem Kamin. Ziemlich heller Rauch. Die ersten klatschen, hier und da gibt es schon Jubelschreie, doch dann wird der Rauch dunkler und dunkler und enttäuscht wenden sich die Leute von den dichten schwarzen Schwaden ab.

Stunden später, um die Mittagszeit, dasselbe Schauspiel – heller Rauch färbt sich nach kurzer Zeit schwarz. Wieder nichts.

Gegen Abend dann das nächste Rauchzeichen. Diesmal quellen dunkle Wolken heraus, die jedoch rasch heller werden. Die Erregung nimmt zu. Jetzt ist der Rauch richtig weiß, jetzt hört man wieder Klatschen und Schreie, jetzt fehlt nur noch die letzte Bestätigung, das Glockenläuten.

Alle Blicke richten sich erwartungsvoll auf die schwere Glocke oben am Petersdom, die nun tatsächlich langsam in Schwingung gerät, und beim ersten Glockenschlag bricht lauter Jubel aus. Hunderttausende greifen zu ihren Handys, einigen kommen die Tränen, andere singen. Und jeder, der in Rom ein Fahrrad oder einen Motorroller besitzt, macht sich in diesem Augenblick auf zum **Petersdom** – am Ende sind es eine halbe Million Menschen, die vor der größten Kirche der Welt zusammengeströmt sind, um mitzuerleben, wie sich der neue Papst zum ersten Mal der Öffentlichkeit zeigt. Noch weiß man ja nicht, wer es ist.

Eine Stunde vergeht. Da tritt ein Kardinal auf den Balkon an der Fassade des Petersdoms, auf dem Platz kehrt gebanntes Schweigen ein, und dann hören alle seine Worte: »*Ich verkündige euch große Freude*«, sagt er. »*Wir haben einen Papst! Es ist der erlauchte und verehrungswürdige Kardinal ... Joseph Ratzinger!*« Jetzt sind die Menschen nicht mehr zu halten. Tosender Applaus brandet auf, Beifallsrufe erschallen, man sieht ebenso viele tränenüberströmte wie lachende Gesichter, und schon tritt er heraus, mit erhobenen Armen und strahlendem Gesicht, ein kleiner, weißhaariger Mann in weißen Kleidern, eben noch Kardinal Ratzinger, jetzt Papst Benedikt XVI. Der erste Deutsche auf dem Heiligen Stuhl seit fast fünfhundert Jahren. »**Habemus papam**« – wir haben einen Papst! Oder, wie die *Bild-Zeitung* in Deutschland am nächsten Tag in riesigen Lettern auf ihre erste Seite druckt: »*Wir sind Papst!*«

Jubel. Als ob einem nichts Schöneres passieren könnte. Als ob es wirklich eine große Freude wäre, wieder einen Papst zu haben. Sicher, es finden sich immer auch Kritiker, Leute, die sich von dem gerade gewählten Papst nichts Gutes versprechen. Aber kalt lässt solch ein Papst offenbar niemanden, weder Gläubige noch Ungläubige – und wann laufen schon einmal so viele Menschen bei einer Wahl zusammen, als hinge das Schicksal der Welt davon ab, wer die Kirche in Zukunft regiert? Wann wird ein Gewählter sonst noch dermaßen begeistert begrüßt? Auch die Wahl des amerikanischen Präsidenten wird in vielen Ländern mit Spannung verfolgt, doch kein Regierungssprecher wendet sich dann an die gesamte Menschheit, wenn er das Ergebnis bekannt gibt, und sagt: »*Ich verkündige euch große Freude.*« So, mit diesen altertümlichen, schönen und einfachen Worten, wird nur ein Papst der Welt vorgestellt.

Es lässt sich nicht anders sagen – der Papst fasziniert die Menschen, mehr als der mächtigste Politiker. Er hat eine Ausstrahlung wie niemand sonst, eine geradezu überirdische Ausstrahlung, als hätte er eine geheimnisvolle Macht oder eine höhere Art von Wissen. Jeder scheint das zu spüren. Für viele ist es jedenfalls das Höchste der Gefühle, einmal im Leben vom Papst im Vatikan empfangen zu werden, ihn einmal im Leben mit eigenen Augen zu sehen und ein paar Worte mit ihm zu wechseln, selbst wenn sie gar nicht katholisch sind, selbst wenn sie Papst und Kirche eigentlich für faulen Zauber halten. Irgendwie können wir uns dem Eindruck nicht entziehen, dass er dem Himmel näher ist als jeder andere. Dass der Papst etwas vertritt und verkündet, was alle Menschen suchen, nämlich die Wahrheit. Und dass alles, was er tut und sagt, darum ein besonderes Gewicht, eine besondere Bedeutung hat – auch dann, wenn man selbst vielleicht ganz anderer Meinung ist. Kurzum: Der Papst ist ein Vorbild für Menschen auf der ganzen Welt.

Willst du nun immer noch Papst werden? Oder sind dir inzwischen Bedenken gekommen?

Schreckt es dich ab, wie viel Mut und Klugheit, wie viel Selbstvertrauen und Gottvertrauen ein Papst aufbringen muss? Oder findest du nach wie vor, dass es auch gute Gründe gibt, Papst zu werden?

Auf jeden Fall ist es ein einzigartiges Amt, das man als Papst antritt, ein Amt irgendwo zwischen Himmel und Erde. Und wenn du nach wie vor wissen willst, wie du es anstellen müsstest, Papst zu werden, und was dann auf dich zukäme, dann tun wir jetzt einfach so, als könnte man Papst werden wollen. Um dann zu sehen, wie es wäre, Papst zu sein. Welches Leben dich erwartet. Und wie es an diesem geheimnisvollen Ort namens Vatikan zugeht, der für den Rest deines Lebens dein Wohnsitz sein wird. Dein Wohnsitz und dein Reich.

2. Geheimnisvolles Land Vatikan

Rom ist eine besondere Stadt. Eine Stadt, die nicht so ganz von dieser Welt ist. Eine Stadt voller Paläste und Kirchen und Klöster. Das heißt: Rom ist durchtränkt mit der zweitausendjährigen Geschichte des Christentums. Und schon ein kurzer Spaziergang von dreihundert Metern genügt, um sich ein Bild davon zu machen, wie nah einem in Rom diese zweitausend Jahre sind.

In Rom vergeht die Zeit langsamer

Nehmen wir uns für diesen Spaziergang den Aventin vor, einen lang gestreckten, ziemlich steil abfallenden Hügel am linken Ufer des Tibers im Süden von Rom. Was hier oben als Erstes ins Auge fällt, ist **Sant'Anselmo**, eine mächtige Klosteranlage aus gelbbraunen Ziegelmauern hinter Palmen und Zypressen. Dieses Kloster gehört dem größten und ältesten Mönchsorden der Christenheit, dem Benediktinerorden, der seit tausendfünfhundert Jahren besteht. Heute zählt er vierundzwanzigtausend Mönche und Nonnen in vielen Ländern der Erde, und Sant'Anselmo ist sein Hauptquartier, die Schaltzentrale, von der aus die Geschicke des Ordens geleitet werden.

Nur einen Steinwurf weit von Sant'Anselmo entfernt, genau über dem Steilhang des Aventins, erhebt sich als Nächstes ein graues, festungsartiges Gebäude, auf dem meist eine rote Flagge mit weißem Kreuz weht. Es ist die Zentrale der Malteserritter, deren Geschichte auf die Kreuzzüge zurückgeht. Damals, vor über neunhundert Jahren, wurden die **Malteser** in Jerusalem gegründet, als christlicher Ritterorden, der sich nach den Schlachten gegen die Sarazenen hauptsächlich um die Verwundeten kümmerte. Kaum zu glauben, dass ein solcher Orden so lange überleben konnte, aber die Nachfolger dieser Ritter residieren heute ebenfalls in Rom auf dem Aventin.

Und wenige Schritte weiter steht eine der ältesten Kirchen der Welt, die Basilika Santa Sabina. In Deutschland wäre eine Kirche schon sehr alt, wenn sie aus dem Jahr 1000 stammen würde – Santa Sabina aber wurde noch einmal sechshundert Jahre früher erbaut, nämlich um das Jahr 420. Und sie ist keineswegs eine Ruine, wie man bei diesem

Alter vermuten sollte, sondern gut erhalten und besonders bei römischen Hochzeitspaaren als feierlicher Ort für Trauungen beliebt.

Durchquert man dann den Park hinter Santa Sabina mit seinen wilden Orangenbäumen, kommt man an eine Mauerbrüstung, und von hier geht der Blick weit über Rom. Man sieht unter sich die grünen Flussschleifen des Tibers und zu beiden Seiten ein Häusermeer, aus dem zahllose Kirchtürme und Kirchenkuppeln herausragen. Die bei Weitem größte Kuppel zeichnet sich am westlichen Horizont gegen den Himmel ab; es ist die grünlich-weiß schimmernde Kuppel des Petersdoms, mit dessen Bau vor fünfhundert Jahren begonnen wurde.

Und hinter dem Petersdom erstreckt sich der **Vatikan**, von hohen und dicken Mauern umschlossen, nicht größer als ein mittlerer Bauernhof mit seinen Feldern und dennoch ein eigener Staat. Ein Staat mitten im Stadtgebiet von Rom. Der kleinste Staat der Welt. Mit der größten Kirche der Welt.

Dieser kurze Spaziergang durch die Jahrhunderte soll fürs Erste genügen. Würden wir vom Aventin in die Stadt hinabsteigen, dann würde es so weitergehen – Paläste, Klöster und Kirchen auf Schritt und Tritt. Viele dieser Kirchen haben mit unseren Kirchen kaum Ähnlichkeit; es fehlen ihnen die Kirchtürme, und mit ihren breiten, säulengeschmückten Fassaden gleichen sie eher Schlössern als Kirchen. Andere wirken von außen unscheinbar, sind im Inneren aber mit prachtvollen, goldschimmernden Mosaiken und kostbarem Marmor ausgekleidet oder über und über mit düsteren, dramatischen Szenen aus dem Leben der Heiligen bemalt. Manchmal verschlägt es einem in diesen Kirchen den Atem, weil sie so schön sind, und manchmal, weil sie so protzig und überladen sind.

Aber genau das ist Rom, diese Mischung aus beinahe überirdischer Schönheit und sehr irdischem Prunk und Pomp, und dieses Rom gäbe es nicht ohne die Päpste. Denn in früherer Zeit lebten die Päpste nicht abgeschottet und eingepfercht in ihrem winzigen Vatikanstaat, da waren sie die Herren von Rom, und die ganze Stadt gehörte ihnen. Diese Päpste liebten es, aufzutrumpfen, und man sieht es Rom heute noch an. Sie hatten die Macht und das Geld, diese Stadt nach ihrem Geschmack zu entwerfen, sie konnten sich die berühmtesten Künstler und Architekten leisten, sie gaben Rom nach und nach dieses einzigartige Gesicht.

14

Mit anderen Worten: Fast alles, was an dem heutigen Rom majestätisch und großartig ist, geht auf jene Zeit zurück, in der die Päpste hier das Sagen hatten.

Man braucht also den Vatikan noch gar nicht betreten zu haben – schon die Stadt Rom sagt einiges über die Päpste aus, über ihr Selbstbewusstsein, ihren Herrschaftsanspruch und ihre Machtgelüste. Diese Stadt erzählt von den Zeiten, in denen sich die Päpste als die Herren der Welt gefühlt haben und sich beinahe wie gottähnliche Wesen vorkamen, Zeiten, in denen sie glaubten, die ganze Menschheit müsste ihnen zu Füßen liegen. Damals hielten sie sich für die höchsten Richter, auch über alle weltlichen Fürsten, nahmen sich sogar das Recht heraus, Könige zu bestrafen und Kaiser abzusetzen, und waren mächtig genug, das auch tatsächlich zu tun. Darüber hinaus vermittelt Rom aber auch einen Eindruck vom Zeitgefühl der Päpste. Sie dachten in Jahrhunderten, sie planten und bauten für die Ewigkeit. Es gibt ja ältere Städte als Rom. Damaskus in Syrien zum Beispiel soll achttausend Jahre alt sein, Rom bringt es nur auf rund zweieinhalbtausend Jahre. Doch im Unterschied zu anderen alten Städten sieht man Rom seine ganze Geschichte heute immer noch an. Die Vergangenheit entschwindet in Rom offenbar langsamer als anderswo, was sicherlich auch daran liegt, dass die Päpste auf Bauwerke Wert legten, die Jahrhunderte später noch genauso eindrucksvoll wirken sollten wie im Augenblick ihrer Entstehung. Rom wird deshalb auch »**die Ewige Stadt**« genannt.

Die Zeiten, in denen Päpste weltlichen Herrschern wie Kaisern und Königen Vorschriften machen konnten, sind allerdings längst vorbei. In die Politik greifen sie heute nicht mehr ein. Rom wurde ihnen eines Tages gewaltsam abgenommen, seither residieren sie hinter den hohen Mauern ihres Zwergstaates, des Vatikans.

Im Grunde ist es ein Wunder, dass es sie überhaupt noch gibt. Denn immer mal wieder kam es vor, dass Päpste plötzlich von der Höhe ihrer Macht herabstürzten, jeden Einfluss auf das Weltgeschehen verloren und niemand mehr einen Pfifferling auf sie gegeben hätte. Zuweilen gab es zwei oder drei Päpste gleichzeitig, die sich gegenseitig bekämpften und lähmten, gelegentlich wurde ein Papst aus Rom verjagt, und die Franzosen gingen einmal sogar so weit, den Papst kurzerhand abzusetzen, das Papsttum abzuschaffen und das ganze Christentum gleich mit.

Nun, daraus ist nichts geworden. Es gibt sie immer noch, die Päpste. Aber was ist ihnen nach dieser turbulenten Vergangenheit eigentlich geblieben? Sind unsere Päpste überhaupt noch zu vergleichen mit den Päpsten aus früherer Zeit? Leben sie heute bescheidener?

Um diese Fragen zu beantworten, müssen wir uns nun doch an dem Ort umsehen, an den sie sich zurückgezogen haben. Im Vatikan.

Der Wohnsitz der Päpste

Wenn Rom schon eine andere Welt ist – der Vatikan ist es erst recht. Die Merkwürdigkeiten reißen nicht ab, sobald man sich mit ihm beschäftigt. Alles an diesem Miniaturstaat ist ungewöhnlich oder einzigartig. Er ist auf jeden Fall der kleinste Staat der Welt – falls man darauf verzichtet, zwischendurch einen Espresso zu trinken, hat man ihn in einer guten Stunde zu Fuß umrundet. Er hat eine eigene **Nationalhymne**, den »päpstlichen Marsch«, ein eigenes **Autokennzeichen**, nämlich »SCV«

(für Stato della Città del Vaticano), er hat vier Fußballmannschaften und sogar regelrechte Einwohner – allerdings nicht mehr als tausend, und nur die Hälfte von ihnen besitzt auch die vatikanische **Staatsbürgerschaft**. Wobei niemand damit geboren wird. Niemand kommt als Vatikanbürger zur Welt, so wie man als Deutscher oder Franzose zur Welt kommt.

Das liegt daran, dass im Vatikan überhaupt niemand zur Welt kommt. Denn der Vatikan ist ein reiner Gastarbeiterstaat. Wer hier wohnt, der hat hier zu tun, der arbeitet in einer der päpstlichen Behörden oder kocht, wäscht und putzt für den Papst, und sobald er nicht mehr gebraucht wird, muss er den Vatikan wieder verlassen und in die Außenwelt zurückkehren. Für diesen Zeitraum nun bekommt man vom Papst die vatikanische Staatsbürgerschaft verliehen, sodass man sagen kann: Im Vatikan gibt es nur vorübergehende Staatsbürger. Er ist immer bloß Zwischenstation für Menschen, die sich früher oder später wieder in Mexikaner oder Spanier oder Nigerianer zurückverwandeln.

Eine Ausnahme gibt es jedoch: den Papst selbst. Der Papst ist der einzige Gastarbeiter hier, der bis zu seinem Lebensende Vatikanbürger bleiben darf.

Allerdings – mit diesen tausend Einwohnern würde sich die Arbeit, die im Vatikan anfällt, nicht bewältigen lassen. Allein was den Papst täglich an Post erreicht! Tausende von Briefen, drei Säcke voll, dazu die E-Mails. Wahrscheinlich bekommt kein Staatsoberhaupt der Welt so viel Post wie der Papst. Die Arbeit hier wäre gar nicht zu schaffen, würden nicht jeden Morgen noch einmal dreitausend Pendler aus Rom als Verstärkung anrücken. Insgesamt bevölkern tagsüber also etwa viertausend Menschen die Flure, die Büros und die ausgedehnten Gärten des Vatikans.

Nach Feierabend wird es dann ziemlich ruhig. Zu später Stunde ist der Vatikan nicht unbedingt der aufregendste Ort der Welt. Glücklich, wer dann hinausschlüpfen und sich im nächtlichen Rom unter die Leute mischen kann, auf einem der vielen Plätze oder in seiner Lieblingstrattoria. Einem allerdings ist das auf keinen Fall vergönnt: dem Papst. Dessen Lebensraum ist Tag und Nacht die prächtige, aber doch recht enge Welt des **Apostolischen Palastes** gleich rechts vom Petersdom. An Ausgehen ist nicht zu denken. Darauf müsstest du dich also gefasst machen – dein römisches Stammrestaurant aus der Zeit, als du noch Kardinal warst, würdest du als Papst niemals wiedersehen.

Man sollte nun meinen, dass ein solcher Winzling von Staat in der großen Politik überhaupt keine Rolle spielt. Offenbar tut er das aber doch. Jedenfalls entsenden fast alle Staaten dieser Erde ihre Botschafter an den Vatikan, um genau darüber informiert zu sein, was dort hinter den hohen Mauern geplant und vorbereitet wird – auch die islamischen Staaten, auch ein Land wie Ägypten beispielsweise. Als säße im Vatikan eine Regierung, auf die es in der Weltpolitik ankommt.

Dabei hat der Vatikanstaat nicht einmal eine Regierung in unserem Sinne. Die Regierung ist im Grunde genommen der Papst in eigener Person, denn der Vatikan ist die einzige absolutistische Monarchie Europas. Das bedeutet: Der Papst hat in allem das letzte Wort. Er ist ein quasi allmächtiges Staatsoberhaupt – auch wenn er natürlich viele Entscheidungen seinen engsten Mitarbeitern überlassen muss, weil ihm die Arbeit sonst über den Kopf wachsen würde. Doch wenn es drauf ankommt, zählt hier allein sein Wort, gibt allein sein Wille den Ausschlag.

Anderswo in Europa ist diese absolutistische Staatsform längst aus der Mode. Sie war im 17. und 18. Jahrhundert vorherrschend, danach musste sie der Demokratie mit ihren Parlamenten und ihren gewählten Regierungen weichen. Aber der Kirche liegt nicht viel daran, modern zu sein, also gibt es sie hier noch, die absolutistische Monarchie, und deshalb entsenden fremde Staaten ihre Botschafter streng genommen auch nicht an den Vatikan, sondern an den **Heiligen Stuhl**. Das ist in der Tat etwas anderes. Mit dem Heiligen Stuhl ist nämlich nicht etwa der Staat oder die Regierung des Vatikans gemeint, der Heilige Stuhl ist eine Umschreibung für den Papst selbst – und gleichzeitig ein schönes Beispiel für diese Welt aus altertümlichen, bedeutungsschweren und klangvollen Wörtern, in die man eintaucht, wenn man den Vatikan betritt. Wörtern wie »Heiliger Stuhl« eben.

Außergewöhnlich ist am Vatikan aber noch so manches andere. Zum Beispiel, dass es sich dabei um den einzigen Priesterstaat der Welt handelt.

Alle wichtigen Stellen sind mit Priestern besetzt oder mit Ordensleuten, also Mönchen und Nonnen. Kardinäle und Bischöfe haben die Führungspositionen inne. Fünf Ordensschwestern führen dem Papst den Haushalt, räumen bei ihm auf, kümmern sich um sein leibliches Wohl, waschen und putzen. Angehörige des Franziskanerordens arbeiten als Beichtväter im Petersdom, Angehörige des **Jesuitenordens** betreiben die Radiostation des Vatikans und selbst die Arbeit von Sekretärinnen wird in vielen Fällen von Priestern erledigt. Nur unter den Köchen, Gärtnern oder Gabelstaplerfahrern wird man niemanden finden, der im strengen, schwarzen Anzug oder in der schwarzen Priestersoutane herumläuft.

Eine weitere Besonderheit: Keine andere Kirche, keine andere Religionsgemeinschaft dieser Erde hat eine Führungsspitze, die einen politisch unabhängigen Staat bildet. Es gibt keinen evangelischen Kirchenstaat, es gibt auch keinen orthodoxen und weder Muslime noch Buddhisten haben als religiösen Führer ein Staatsoberhaupt.

Und nicht zu vergessen: Als Spitzenmann der katholischen Kirche vertritt der Papst eine der ältesten Institutionen der Welt. Vielleicht die älteste überhaupt. Die katholische Kirche blickt auf eine Geschichte von fast zweitausend Jahren zurück – allenfalls das japanische Königshaus besteht noch länger. Ein solch hohes Alter macht immer Eindruck. Und die Ehrfurcht, mit der normale Sterbliche dem Papst begegnen, rührt sicher auch daher, dass sie in seiner Gegenwart einen Hauch von Ewigkeit verspüren.

Aber – haben wir Normalsterbliche überhaupt die Chance, jemals dem Papst zu begegnen?

Die Geheimnisse des Vatikans

Angenommen, man hätte als Journalist im Vatikan zu tun, wäre dort zum Beispiel mit einem Bischof zum Interview verabredet – könnte es dann passieren, dass der Papst einem zufällig über den Weg läuft und es zu einer kleinen Plauderei mit ihm kommt? Viele mögen sich das wünschen, aber es ist völlig ausgeschlossen. Denn selbst innerhalb des Vatikans zeigt sich der Papst nie.

Als Prominenter, als wichtiger Politiker oder berühmter Popstar kann man natürlich das Glück haben, von ihm zu einer kurzen Privataudienz empfangen zu werden. Oder man erlebt ihn aus großer Distanz, wenn man selbst in der Menge steht und der Papst sich an einem Fenster zeigt, oder während der Generalaudienz am Mittwoch, wo man einer von Zehntausenden ist. Doch aus der Nähe wird man ihn nie erleben. Nicht einmal die, die hier arbeiten, bekommen den Papst je zu Gesicht – mit Ausnahme des allerengsten Kreises derer, die Zutritt zu ihm haben.

Und wenn er selbst einmal ausgehen möchte, wenn er Lust verspürt, seine Wohn- und Arbeitsräume im Apostolischen Palast für eine Weile zu verlassen und in den Vatikanischen Gärten spazieren zu gehen, dann ist nicht einmal das so ohne Weiteres möglich. Dazu eine Geschichte aus jüngerer Zeit.

Als Johannes Paul II. 1978 sein Amt antrat, wurde ihm mitgeteilt: Für den Fall, dass er in seinen Gärten spazieren gehen wolle, müsse er seine Absicht eine halbe Stunde vorher ankündigen. Warum? Damit alle Angestellten, die im Park arbeiten, vorher verscheucht werden können. In dem Augenblick, in dem sich der Papst draußen zeige, dürfe sich keine Menschenseele mehr dort aufhalten. Johannes Paul fand diese Maßnahme überflüssig und ärgerlich, war aber machtlos dagegen. Und er beschloss, überhaupt nicht auszugehen. Er verzichtete auf den Gartenspaziergang, und wenn er sich die Beine vertreten wollte, stieg er aufs Dach des Apostolischen Palastes, wo sich unter freiem Himmel ein herrlicher Dachgarten mit Springbrunnen befindet.

Anders sein Nachfolger, Papst Benedikt XVI. Gegen die Sperrung der Gärten kann er genauso wenig tun, dennoch lässt sich Benedikt von seinen Spaziergängen nicht abbringen und läuft eine halbe Stunde täglich eine ganz bestimmte Strecke ab. Sein Privatsekretär, der Deutsche Georg Gänswein, begleitet ihn dann, die beiden beten gemeinsam den Rosenkranz und wie eh und je darf sich in dieser Zeit kein Vatikanangestellter in ihrer Nähe sehen lassen.

Nein, die meiste Zeit über und für die meisten Menschen ist der Papst unsichtbar und unnahbar. Sein Leben findet im Verborgenen statt, und es gibt sicherlich auch gute Gründe dafür, ihn beispielsweise vor den Blicken Neugieriger abzuschirmen. Denn im Vatikan herrscht immer noch die Atmosphäre eines Fürstenhofs und alle würden gerne an den Fürsten so nah wie möglich herankommen. Jeder fühlt sich von ihm angezogen, jeder möchte von ihm gesehen werden und wenigstens fünf Minuten mit ihm reden, jeder möchte ihm irgendetwas anvertrauen oder hinterher einfach nur in der Bar seinen Freunden erzählen können, dass er dem Papst die Hand geschüttelt habe. Das könnte dem Papst schnell lästig werden, davor muss er geschützt werden.

Doch auch sonst ist fast alles, was mit seinem Alltag oder seiner Arbeit zu tun hat, geheim. So geheim, dass sich um den Vatikan längst ein dichtes Gestrüpp von Gerüchten und fantastischen Geschichten rankt. Seit Jahrhunderten gilt er als der geheimnisvollste Ort Europas, und dass der Vatikan zahlreiche, auch schreckliche Geheimnisse birgt, steht bis heute für viele außer Frage. Man muss nur einmal die Wortkombination »Vatikan« und »Geheimnis« in eine Suchmaschine eingeben – sie wird rund einhundertsiebzigtausend Eintragungen zu diesem Thema ausspucken.

Vor allem bei Romanschriftstellern ist der Vatikan ein beliebter Schauplatz für Schauergeschichten, für Verschwörungen und Giftmorde und Skandale aller Art. Nur ein Beispiel: Als Papst Johannes Paul I. 1978 kaum hundert Tage nach seiner Wahl überraschend aus dem Leben schied, brodelte die Gerüchteküche. Er sei zweifellos einer vatikanischen Verschwörung zum Opfer gefallen und ermordet worden, hieß es, und bald erschienen Bücher, die von finsteren Hintermännern und mörderischen Machenschaften im Vatikan zu berichten wussten. In Wirklichkeit war Johannes Paul I. seinem schweren Herzleiden erlegen, also eines doch recht natürlichen Todes gestorben. Aber die Bücher mit der reißerischen Mordgeschichte verkauften sich gut – offenbar können sich viele Menschen immer noch vorstellen, dass im Schatten des Petersdoms dunkle Mächte am Werk sind.

Geheimnisse beflügeln die Fantasie. Tatsache ist, dass viele Entscheidungen im Vatikan in aller Stille vorbereitet werden, dass alle Überlegungen, die zur Ernennung eines Bischofs oder zu einer Heiligsprechung führen, nicht an die große Glocke gehängt werden. Aber auch Wirtschaftsunternehmen verfahren in ähnlichen Angelegenheiten ähnlich diskret. Manche meinen daher, das Geheimnisvollste am Vatikan seien seine Mauern. Diese hohen und dicken Mauern, die ihn wie eine uneinnehmbare Festung von fast allen Seiten umschließen. Diese Mauern würden alles, was dahinter vor sich geht, irgendwie unheimlich oder gar verdächtig erscheinen lassen. Wären diese Mauern aus Glas oder könnte man einfach in den Vatikan hineinspazieren, würde er bestimmt viel von seiner schauerlichen Faszination verlieren.

Aber es ist nun einmal so, dass niemand einfach in den Vatikan hineinspazieren kann. Vor jedem Tor, das ins Innere des päpstlichen Reiches führt, stehen zwei farbenprächtig gekleidete Gestalten mit aufgepflanzter Hellebarde und verwehren Neugierigen den Eintritt – höflich zwar, aber sehr bestimmt. Durchgelassen wird nur, wer hier arbeitet oder eine Verabredung hat. Schon deshalb überkommt jeden, dem es zum ersten Mal gelingt, tiefer in den Vatikan einzudringen, eine gewisse Erregung, fast so, als ob man etwas Verbotenes täte.

Man wird übrigens auch nie bis ins Büro seines Gesprächspartners vorgelassen. Es könnten dort ja Akten mit einer verräterischen Aufschrift herumliegen, oder Schriftstücke, die einen plötzlichen Einblick in die Geschäfte einer Vatikanbehörde erlauben – und kein fremdes Auge soll sehen, mit welchen Fällen man dort gerade beschäftigt ist. All dies unterliegt nämlich dem päpstlichen Amtsgeheimnis, und das bedeutet: Jeder, der hier arbeitet und Wichtiges verraten könnte, hat schwören müssen, Stillschweigen über seine Arbeit zu bewahren. Deshalb trifft man sich mit seinem Gesprächspartner immer in einem schlichten Besucherzimmer, wo es nichts Verräterischeres gibt als abgewetzte rote Sessel, großblättrige Zimmerpflanzen und farbige Papstfotos an den Wänden.

Und damit nicht genug der echten Geheimnisse. Da gibt es zum Beispiel das berüchtigte **Geheimarchiv** des Vatikans, wo Protokolle, Niederschriften und Briefe lagern, die womöglich auf so manchen undurchsichtigen Vorgang in der europäischen Geschichte helles Licht werfen würden. Die Historiker genauso wie die Medien würden sich brennend dafür interessieren.

Findet sich hier vielleicht der Briefwechsel zwischen Papst Clemens VII. und dem englischen König Heinrich VIII. über die heiklen Eheangelegenheiten dieses Königs? Die Sache trug sich Anfang des 16. Jahrhunderts zu und für die Kirche war das damals ein bitterer Fall. Denn Heinrich zerstritt sich dermaßen mit dem Papst, dass er sich schließlich gar nichts mehr vom ihm sagen ließ, nacheinander sechs Frauen heiratete, zwei davon hinrichten ließ und die katholische Kirche in England kurzerhand enteignete und abschaffte.

Oder würde man in den geheimen Akten auf die schwärzesten Kapitel in der Geschichte der Kirche stoßen, auf hochbrisante Protokolle der Inquisition zum Beispiel? Oder auf die Beichtgeheimnisse der Mächtigen aus vielen Jahrhunderten, auf die intimsten Geständnisse aus dem Privatleben berühmter Männer und Frauen der abendländischen Geschichte?

Mag sein, doch diese Einzelheiten wird man wahrscheinlich nie erfahren. Denn die geheimsten der geheimen Akten werden in einem feuerfesten unterirdischen Bunker aufbewahrt und dürfen nicht veröffentlicht werden. Natürlich gilt auch die allerstrengste Geheimhaltung für die Wahl jedes neuen Papstes – die wir vorläufig ebenfalls als Geheimnis behandeln wollen, weil wir später noch darauf zu sprechen kommen werden.

Wie in einer Schatzkammer

So ganz aus der Luft gegriffen ist die Behauptung wohl nicht, dass der Schleier des Geheimnisses über dem Vatikan noch etwas dichter ist als der über anderen Regierungszentralen dieser Erde. Und vielleicht gehört ja gerade dies zu den größten Geheimnissen der Päpste: wie sie es über so viele Jahrhunderte und jeden Wandel der Zeiten hinweg geschafft haben, geheimnisvoll zu bleiben, selbst noch im Zeitalter unbegrenzter Handy- und Internetkommunikation. Doch genug davon, vorläufig wenigstens.

Welches Bild bietet sich denn nun, wenn man den Vatikan betritt? Spürt man hier tatsächlich etwas von all dem, was diesen Ort so einzigartig macht? Ist hinter seinen Mauern vielleicht die Zeit stehen geblieben, strotzt es hier vielleicht vor altertümlichen Kuriositäten? Spricht man hier womöglich immer noch Latein?

In der Tat, das tut man. Die Geldautomaten des Vatikans beispielsweise sprechen **Latein**, das heißt, Latein ist die erste Sprache, die auf ihrem Bildschirm erscheint. Doch natürlich beherrschen nicht nur sie die alte Kirchensprache noch. Latein ist schließlich nach wie vor die Amtssprache des Vatikans, und in den Gängen der vatikanischen Behörden könnte man mit etwas Glück durchaus einem Bischof begegnen, der »nasus destillat« sagt, wenn er erkältet ist und ihm die Nase läuft.

Aber meist hört man hier doch andere Laute. Im Vatikan arbeiten ja Menschen aus aller Herren Länder, und wenn sie sich nicht gerade ihrer Muttersprache bedienen, dann reden sie Italienisch, denn Italienisch ist längst zur vatikanischen Umgangssprache geworden, und jeder muss es beherrschen.

Nicht nur die Sprachen vermischen sich hier, sondern auch das Heilige und Erhabene mit dem Alltäglichen und Praktischen. Da gibt es gleich hinter dem Ehrfurcht gebietenden Petersdom eine ganz gewöhnliche Tankstelle. Nicht weit davon, in dem dekorativen Gebäude des ehemaligen Bahnhofs, ein ebenfalls ziemlich gewöhnliches Kaufhaus. Und in der äußersten Ecke der herrlichen vatikanischen Gärten einen Hubschrauberlandeplatz.

Was man vielleicht erst auf den zweiten Blick bemerkt, dann aber umso erstaunlicher findet: Nirgendwo sieht man Werbung. Reklametafeln, Litfaßsäulen, Plakatwände – das alles hat hier nichts zu suchen, und nicht einmal die Tankstelle verrät, welcher Ölkonzern sie mit Treibstoff beliefert. Der Vatikan ist wohl das einzige reklamefreie Land der Welt. Und selbst wenn man gar nichts über die katholische Kirche wüsste, so viel hätte man jetzt schon verstanden: Hier lehnt man die Verführung zu Konsum und immer mehr Konsum ab. Hier sucht man das Heil des Menschen auf anderen Wegen.

Das Beeindruckendste am Vatikan ist aber wohl, dass man hier von der denkbar größten Schönheit umgeben ist. Der ganze Vatikan ist im Grunde ein einziges Schatzhaus, angefüllt mit dem Besten, was die europäische Kunst- und Geistesgeschichte zu bieten hat. Sicher, es gibt hier auch ein paar moderne, schlichtere Gebäude, das Gästehaus des Papstes zum Beispiel oder die große **Audienzhalle**, in der sich der Papst mittwochs Zehntausenden von Gläubigen zeigt, immer dann nämlich, wenn das Wetter schlecht ist und der Petersplatz ein ungemütlicher

Aufenthaltsort wäre. Davon abgesehen aber erlebt man im Vatikan, welchen Aufwand frühere Päpste betrieben haben, um alles Irdische und Gewöhnliche und Mittelmäßige aus ihrer Umgebung zu verbannen. Ihr Reich sollte einen Vorgeschmack auf den Himmel geben, und das tut es auch, das haben sie erreicht.

Etwa die Hälfte des vatikanischen Territoriums wird von einer Gartenanlage eingenommen, die in ihrer Schönheit von keinem Schlosspark Europas übertroffen wird. Der Rest ist eng bebaut, wie eine verschachtelte Kleinstadt mit verwinkelten Gängen und Gassen, aus denen zwei mächtige Gebäude aufragen: der Petersdom und der Apostolische Palast. Wobei dieser Palast fast eine Stadt für sich darstellt mit seinen sage und schreibe tausendvierhundert Zimmern und Sälen, seinen Hunderten von Treppen und seinen zahlreichen Innenhöfen. Alles hier ist grandios, prachtvoll, sinnenbetörend. Die größten Maler aller Zeiten haben ihre Werke dazu beigesteuert – Raffael arbeitete von 1508 bis 1514 an der Ausmalung der päpstlichen Privatgemächer, Michelangelo malte etwa zur selben Zeit die Sixtinische Kapelle aus, und das sind nur zwei aus der Menge bedeutender Künstler, die mit dem Bau und der Ausschmückung dieser einzigartigen Palastanlage beschäftigt waren.

Ein großer Teil des Palastes beherbergt heute die **Vatikanischen Museen,** aber keine Angst – als Papst müsstest du dich trotzdem nicht einschränken. Denn nach wie vor würden dir im dritten Stock sieben große Zimmer zur Verfügung stehen, dazu ein üppig bemessenes Esszimmer, ein geräumiges, marmorverkleidetes Bad und eine Privatkapelle sowie der bereits erwähnte Dachgarten, der mit seinen Ausmaßen von dreißig mal fünfzig Metern ebenfalls nicht allzu kümmerlich ausfällt. Ein Stockwerk tiefer befinden sich dann die päpstlichen Arbeitsräume und Empfangssäle und die sind nun wirklich von auserlesener Pracht.

Pater von Gemmingen kennt sie alle, diese fantastischen Säle. Er ist Chefredakteur bei **Radio Vatikan,** und er ist gelegentlich dabei, wenn Besucher auf dem Weg zum Papst durch diese Säle geleitet werden.

»Da kommen sie dann an, die großen Staatenlenker und die gekrönten Häupter«, sagt er, *»und wenn sie im Vatikan eintreffen, sind sie von ihrer Bedeutung und Wichtigkeit noch felsenfest überzeugt. Dann aber*

müssen sie diese Säle durchqueren und dabei werden sie immer kleiner. Es kommt der erste Saal, dann der zweite, dann der dritte, und sie schrumpfen mit jedem Schritt, bis sie endlich vor dem Papst stehen und beinahe vergessen haben, wie bedeutend und wichtig sie sind. Diese Erfahrung, dass es noch etwas Größeres gibt als sie selbst, das ist sicher ein einzigartiges Erlebnis für die Mächtigen dieser Erde. Und vielleicht haben sie von diesem Gang durch die Säle mehr als von dem eigentlichen Gespräch mit dem Papst. «

Diese Erfahrung, dass es noch etwas Größeres gibt ... Das ist die Botschaft der Pracht, mit der sich ein Papst umgibt. Es gibt noch etwas Größeres, größer als alle politische und militärische Macht dieser Welt, größer als aller irdische Ruhm und die pompösesten Adelstitel. Und wie es aussieht, sehnen sich viele Menschen danach, mit diesem Höchsten und Heiligsten in Berührung zu kommen, selbst Regierungschefs und Staatsoberhäupter. Auch selbstherrliche Machtmenschen scheinen jemanden zu brauchen und zu suchen, zu dem sie aufschauen können – eine Idealfigur, eine unanfechtbare und unbestechliche Autorität oder vielleicht irgendwen, der die irdischen Dinge aus einer überirdischen Perspektive betrachtet.

Nun könnte man sich fragen: Wieso verkörpert in unserer Welt ausgerechnet der Papst diese Idealfigur? Ist nicht auch Papst Benedikt XVI. – bei aller persönlichen Gelehrtheit, Frömmigkeit und Untadeligkeit – letzten Endes nur ein kleiner, alter Mann, ein Sterblicher wie wir? Woher rührt seine Anziehungskraft? Was ist der Grund für seine Ausstrahlung? Woher bezieht er diese Autorität, die ihn so überlebensgroß erscheinen lässt?

Von allen vatikanischen Geheimnissen ist dieses mit Sicherheit das größte – die geheimnisvolle Macht des Papstes. Wir wollen im nächsten Kapitel versuchen, ihr auf den Grund zu gehen.

3. Ein Fels in der Brandung

Ist es nicht erstaunlich, dass es so etwas wie die katholische Kirche überhaupt gibt? Dass Menschen auf der ganzen Welt denselben Glauben haben, der sie mit der Kirche und dem Papst verbindet, über alle kulturellen und nationalen Grenzen hinweg?

Und ist es nicht ganz und gar sonderbar, dass es so etwas wie Bischöfe und Priester gibt? Leute also, deren Arbeit darin besteht, das zu verkünden, was sie für die Wahrheit halten, und anderen Leuten ins Gewissen zu reden. Leute, die sich mit Problemen wie Sünde, Schuld und Vergebung beschäftigen und Liebe, Frieden und Gerechtigkeit predigen? Und das alles im Namen und Auftrag eines gewissen Jesus Christus, der vor zweitausend Jahren in Palästina als Wanderprediger durch die Lande zog und recht bald als Unruhestifter hingerichtet wurde? Also, etwas merkwürdig kann man das alles schon finden.

Nur muss es ja einen Grund geben, warum sich die Kirche so lange gehalten hat und immer noch ernst genommen wird. Aber welchen? Brauchen die Menschen so etwas? Was haben sie davon? Und warum hat das Christentum mit seinen Ideen einen solchen Erfolg?

Wenn wir über den Papst reden, können wir den christlichen Glauben nicht außer Acht lassen. Dieser Glaube ist der Daseinszweck eines Papstes. Und seine Autorität, seine geheimnisvolle Macht, muss irgendwie mit dem Christentum zusammenhängen. Sonst wäre alles sinnloses Theater, nicht mehr als die Liebhaberei von Leuten, die für historische Kostümfeste schwärmen. Es gibt ja genug Menschen, die genau dieser Meinung sind.

Du wüsstest es natürlich besser. Als Papst würdest du sehr gut verstehen, was dahintersteckt. Zumindest würde das von dir verlangt, denn eine deiner Hauptaufgaben bestände darin, öffentliche Rundschreiben zu verfassen, sogenannte **Enzykliken**, in denen du von Zeit zu Zeit erklärst, was es mit dem Glauben auf sich hat und was das Besondere am Christentum ist. (Benedikt XVI. hat sogar ein dickes Buch über Jesus Christus geschrieben. Das ist ungewöhnlich, weil Päpste normalerweise keine Muße zum Bücherschreiben haben.)

Wenn du also zu Beginn deiner Amtszeit in einer Enzyklika jenen Menschen antworten wolltest, die Kirche und Christentum unbegreiflich und deshalb überflüssig finden, würdest du vielleicht Folgendes schreiben:

Wozu Religion gut ist

Jede Autorität braucht Glaubwürdigkeit. Die Autorität des Papstes braucht ein besonders hohes Maß an Glaubwürdigkeit, weil sie so groß ist und so weit reicht. Autorität, die auf schwachen Füßen steht, bricht früher oder später zusammen, weil sie nicht hält, was sie verspricht, und sich dann lächerlich macht. Kinder müssen das manchmal mit ihren Vätern erleben: Sie merken, dass sich ihre Väter selbst nicht an die Regeln halten, die sie ihren Kindern seit Jahren einschärfen, und im selben Moment verlieren solche Väter beides, ihre Glaubwürdigkeit und ihre Autorität.

Im Leben von Staaten kommt Ähnliches vor. Der Kommunismus in Osteuropa zum Beispiel brach 1989 zusammen, weil er nicht halten konnte, was er versprach. Sein Fundament war brüchig gewesen und seine Glaubwürdigkeit deshalb irgendwann dahin.

Auf Dauer wird Autorität also nur dann anerkannt, wenn möglichst viele Menschen ihr geistiges Fundament akzeptieren. Mit anderen Worten: Autorität muss auf Wahrheit oder allgemeingültigen Werten begründet sein. Erst dann habe ich die Sicherheit, dass derjenige, der etwas von mir verlangt, dabei nicht seine eigenen Interessen, sondern mein Wohl im Auge hat. Erst dann habe ich das Gefühl: Was dieser Mensch sagt, trifft auf alle zu – und deshalb auch auf mich. Es erscheint mir sinnvoll, weil mich seine Gründe überzeugen.

Deswegen ist es sehr unwahrscheinlich, dass die Autorität des Papstes auf Täuschung oder leeren Versprechungen beruht; die Kirche hätte sonst keine zweitausend Jahre überdauert. Niemand kann sich über eine so lange Zeit auf blinden Gehorsam verlassen – seine Autorität wäre längst zerfallen. Am geistigen Fundament der päpstlichen Autorität muss also etwas dran sein und damit kommen wir zur Religion. Denn natürlich ist dieses Fundament das Christentum, und wie es aussieht, liefert dieser Glaube ein außerordentlich tragfähiges, geradezu unverwüstliches Fundament.

So gesehen ist das Christentum allerdings kein Einzelfall. Alle Religionen stellen ungemein stabile Fundamente dar, das haben Buddhismus, Hinduismus, Islam und andere, kleinere Religionen mit dem Christentum gemeinsam. Religionen überleben spielend den Untergang von Staaten oder den Zusammenbruch ganzer

Zivilisationen. Deshalb können wir zunächst einmal über **Religion** ganz allgemein sprechen, wenn wir uns fragen: Was bringt uns die Religion? Was haben wir davon? Weshalb gibt es sie überhaupt?

Am Anfang aller Religionen steht eine Selbsterkenntnis, fast möchte man sagen: eine Selbstkritik. Denn alle gehen sie davon aus, dass der Mensch zwar ein vernunftbegabtes Wesen ist, aber gleichzeitig Hoffnungen und Wünsche und Sehnsüchte hegt, die alles andere als vernünftig sind. Das ist eine etwas peinliche Erkenntnis, insbesondere für uns moderne Menschen, die große Stücke auf ihre Vernunft halten und daran glauben, allein mit dem Verstand das ganze Leben und die ganze Welt in den Griff bekommen zu können. Die Religionen sind da viel skeptischer, und sie sind nicht die Einzigen, die den modernen Optimismus nicht mitmachen.

Auch die Werbung zum Beispiel belehrt uns täglich eines anderen. Sie behandelt uns nämlich als verführbare Wesen und geht ohne Rücksicht auf unseren schönen Vernunftglauben davon aus, dass wir nicht Herr unserer Wünsche und Hoffnungen sind, dass wir jederzeit zu unvernünftigen Handlungen fähig sind und eher aus dem Bauch heraus als mit dem Kopf entscheiden. Deshalb spricht die Werbung nicht unsere Vernunft an, sondern das, was sich in uns ganz unvernünftigerweise nach mehr und immer mehr sehnt. Im Grunde schätzt die Werbung heute den Menschen also genauso ein, wie es alle Religionen seit uralter Zeit tun: als ein Wesen, das alle Vernunft fahren lassen kann und sich nur allzu gern verführen lässt. Ein Wesen, dem deshalb aber auch alles zuzutrauen ist, die größten Leistungen genauso wie die schlimmsten Entgleisungen. Optimistisch ist diese Einschätzung nicht, aber illusionslos und realistisch.

Und deshalb, weil Menschen zu weit gehen können, weil sie bei dem Versuch, ihr Glück im Leben zu machen, für Selbstüberschätzung, Gier und Machtrausch anfällig sind, weil sie sich leicht zu immer größenwahnsinnigeren Vorstellungen von sich selbst hinreißen lassen, deshalb gibt es Religionen.

Religionen bewahren den Menschen vor seiner Überheblichkeit. Sie bestimmen die Grenzen, die er nicht überschreiten darf, weil er sonst gegen fundamentale Lebensgesetze verstoßen würde. Und sie tun das, indem sie festlegen, wo die Freiheit des Menschen endet und das Heilige beginnt.

Das **Heilige** ist das Unantastbare. Es ist der Lebensbereich, in den der Mensch nicht eingreifen darf, weil seine Welt sonst in Unordnung geraten würde. Das Heilige ist das, was Gott allein gehört – und darum für den Menschen tabu ist, geschützt vor seiner Willkür und seiner Unersättlichkeit, geschützt vor seinem Wunsch, sich alles zu unterwerfen und einzuverleiben und alles zu beherrschen.

Für die christliche Religion ist vor allem das menschliche Leben heilig. Das heißt, einem Menschenleben gegenüber ist dieselbe Ehrfurcht, derselbe bedingungslose Respekt angebracht wie Gott gegenüber. Der Grund dafür ist einfach: weil jeder Mensch ein Geschöpf und Abbild Gottes ist. Jeder Mensch gehört Gott und lebt, weil Gott es will, und hat daher ein Recht auf Leben, das kein anderer Mensch verletzen darf. Aus dieser christlichen Überzeugung ist die erste Bestimmung des deutschen Grundgesetzes abgeleitet. Dort heißt es: »*Die Würde des Menschen ist unantastbar*« – womit nichts anderes gemeint ist als: heilig.

In anderen Religionen sind auch Tiere, Bäume, Quellen oder Berge heilig, und auch das soll den Menschen daran erinnern, dass die ganze Schöpfung durch Gott ins Leben gerufen wurde und deshalb Respekt verdient.

Mit anderen Worten: Religionen dämmen zu allererst einmal die Machtgelüste des Menschen ein. Sie ziehen ihm Grenzen und gebieten seinem Drang Einhalt, alles zu beherrschen, seinen Mitmenschen den eigenen Willen aufzuzwingen und sie für eigene Zwecke zu missbrauchen.

Selbstüberschätzung und Machtgier – das scheinen die Grundprobleme des Menschen zu sein. Es gibt deshalb keine Kultur, die nicht eine Religion hervorgebracht hätte. Oder besser: Kultur und Religion sind von Anfang an dasselbe. Sobald der Mensch zum Bewusstsein seiner Möglichkeiten kommt, erkennt er offenbar auch schon die Gefahren, die damit verbunden sind. Im selben Moment kommt er zu der Einsicht, dass er gleichzeitig stark und schwach ist, dass er bei der Verwirklichung seiner Träume sehr weit kommen und Großartiges erreichen, sich aber auch furchtbar verkalkulieren und blutig scheitern kann. Religionen bauen diesem Scheitern vor – und so gesehen sind sie sehr vernünftig.

So viel zur Religion im Allgemeinen. Das reicht. Möglich, dass Zeitungen diese Enzyklika abdrucken wollen, da sollte sie nicht zu lang sein. Aber ein paar Worte zum Christentum solltest du noch verlieren. Du könntest also folgendermaßen fortfahren:

Die christliche Religion belässt es aber nicht dabei, dem Menschen seine Grenzen aufzuzeigen. Sie gibt ihm auch ein Gefühl für seinen Wert und seine Einzigartigkeit. Denn so, wie ihn die Christen verstehen, ist Gott kein gleichgültiger oder strafender oder rachsüchtiger Gott, sondern ein liebender, geradezu fürsorglicher Gott. Ein Gott, der die Welt nicht nur in Bausch und Bogen liebt, sondern jeden Menschen für sich genommen und so, wie er ist. Deshalb kann jeder Verbindung zu ihm aufnehmen, jeder eine vertrauensvolle Beziehung zu ihm entwickeln, so wie Jesus Christus, der ein Verhältnis zu Gott hatte wie zu seinem Vater. Und deshalb gibt es keinen Grund, aufzugeben oder zu verzweifeln, wenn sich die Probleme häufen. Selbst in aussichtslosen Lagen brauchen wir uns nicht verlassen vorzukommen, weil wir sicher sein können, dass Gott uns liebt. Der christliche Glaube schenkt ein Selbstbewusstsein, das nicht von augenblicklichen Erfolgen oder Misserfolgen abhängig ist und sich deshalb nicht leicht erschüttern lässt.

Darüber hinaus bezieht der christliche Glaube den Menschen aber auch in eine neue, höhere Dimension ein. Durch die Beziehung zu Gott bekommt sein Leben erst Gewicht, Größe, Tiefe und Bedeutung. Es dreht sich dann nicht mehr allein um die Bewältigung des Alltags und das kleine, private Glück, man bekommt vielmehr einen Blick für das große Ganze, den Zusammenhang der Welt und die eigene Verantwortung. Man versteht plötzlich: Es kommt auf mich an, wenn sich die Welt zum Besseren wenden soll, und auf meinen Beitrag zum Glück der anderen. Durch Egoismus schade ich mir selbst. Aber wenn ich Verantwortung für andere übernehme, wenn ich Unglückliche nicht im Stich lasse und Menschen in Not beistehe, wenn also jeder versucht, dem anderen das Leben leichter zu machen, dann wird dadurch auch das eigene Leben leichter und reicher und vor allem: sinnvoll.

Im Grunde ist das Christentum also eine ganz praktische Religion. Es überzeugt Menschen davon, dass man mit Liebe weiter kommt als mit Macht und Gewalt. Diese Überzeugung hat tiefe Spuren in unserer Kultur hinterlassen. Eine regelrechte Kultur des Mitleids und der Solidarität ist in Europa unter dem Einfluss des Christentums entstanden. Und alle unsere moralischen Werte sind aus dem Christentum abgeleitet.

Europa hat sich dadurch nicht in ein Paradies verwandelt, das ist wahr. Auch die Christen haben sich oft genug nicht an ihre eigenen Glaubensgrundsätze gehalten, auch die Kirche nicht, auch die Päpste nicht. Aber sie haben ihre Fehler und Irrtümer immer wieder korrigieren können, weil sie die Bibel hatten. Denn die Bibel ist voller Geschichten darüber, wie die irdischen Verhältnisse auch nach dem größten Schlamassel wieder ins Lot geraten, wenn die Menschen ihre Beziehung zu Gott nicht abbrechen.

Vor allem das Neue Testament macht klar, wie sich die Beziehung zu Gott im alltäglichen Leben auswirken sollte. Im Grunde ist dieser zweite Teil der Bibel ein einziger Aufruf dazu, seine Mitmenschen durch die Augen Jesu Christi zu sehen und ihnen so zu begegnen, wie er ihnen begegnet ist: mit Wohlwollen, mit Versöhnungsbereitschaft und Liebe. Jesus Christus ist ein großartiges Vorbild für eine menschenfreundliche Grundhaltung und dieses Vorbild hat sich der europäischen Kultur tief eingeprägt.

Natürlich gäbe es zum Christentum sehr viel mehr zu sagen. Seit fast zweitausend Jahren setzen sich die klügsten Köpfe mit den Texten der Bibel auseinander, deuten das Verhältnis zwischen Gott und den Menschen immer wieder neu und haben dabei ein Ehrfurcht gebietendes, hochkompliziertes Gedankengebäude errichtet, die Theologie. Doch für uns genügt es, wenn wir verstehen: Wie jede andere Religion ist das Christentum eine Anleitung zum richtigen Leben. Und wie jede andere Religion hat es den Zweck, die Welt im Gleichgewicht zu halten. Schon deshalb ist das Christentum alles andere als unbegreiflich oder überflüssig.

Neben den Gemeinsamkeiten weist es aber auch große Unterschiede zu anderen Religionen auf. Um nur zwei zu erwähnen: Aus der besonderen, nämlich besonders engen

Beziehung zu Gott ergibt sich im Christentum eine besondere, nämlich besonders enge Beziehung des Menschen zu seinen Mitmenschen. Im Grunde erkennen Christen in ihren Mitmenschen Gott selbst wieder und werden dadurch ständig an ihre Verantwortung für andere erinnert – das ist der Grund dafür, warum die **Nächstenliebe** im Christentum eine so große Rolle spielt.

Ein weiterer Unterschied zu anderen Religionen ist der christliche Grundgedanke, dass alle Menschen gleich viel wert sind, unabhängig von ihrer Herkunft, ihrer Hautfarbe und ihrem Geschlecht. Weil für Gott alle Menschen gleich sind, haben Christen als Erste die Vorstellung von einer großen Menschheitsfamilie entwickelt, und auch diese Idee ist in die Verfassungen aller modernen Staaten eingeflossen.

Der Papst als Spielverderber

So, herzlichen Glückwunsch zu deiner Enzyklika. Was uns Religionen nützen und warum das Christentum mit seinen Ideen einen solchen Erfolg hat – diese Fragen dürften damit beantwortet sein. Du hast gezeigt: Auch wenn sich die Existenz Gottes nicht wissenschaftlich beweisen lässt, so ist es doch klug und sinnvoll, an ihn zu glauben.

Genau dies ist übrigens die Ansicht von Benedikt XVI. Dass sich Glaube und Vernunft miteinander vertragen und es vollkommen vernünftig ist, zu glauben, ist gewissermaßen sein Lebensthema. Darauf legt er in seinen eigenen Büchern und Enzykliken den größten Wert. Und es scheint ihm das entscheidende Problem unserer westlichen Kultur zu sein, dass der Zusammenhang zwischen Glaube und Vernunft nicht mehr verstanden wird. Deshalb hält er es für seine wichtigste Aufgabe als Papst, den modernen Menschen der westlichen Welt zu erklären, dass Religion etwas Vernünftiges und damit Sinnvolles und Notwendiges ist. Menschen anderer, nicht europäischer Kulturen leuchtet das ohnehin ein.

Es gibt da allerdings noch etwas, das viele Menschen am Christentum stört, und auch darauf könntest du in deinen Verlautbarungen als Papst eingehen. Abgesehen von denen, die gar nichts mit Religion anfangen können, gibt es nämlich solche, die das Vorbild Jesu Christi zwar gut und schön finden und auch den Glauben für wichtig halten, sich aber nicht mit der Kirche anfreunden können. Meist sagen diese Kritiker nicht genau, was sie unter »Kirche« verstehen, ob sie damit den Pfarrer ihrer Gemeinde oder den Bischof oder die ganze Organisation mit ihrer Bürokratie und ihren Würdenträgern oder vielleicht die äußere Pracht meinen, mit der sich der Papst, die Kardinäle und die Bischöfe in Szene setzen. Jedenfalls haben sie wohl das Empfinden, dies alles sei ein überflüssiger Luxus und eine Fehlentwicklung – unmöglich könne Jesus Christus selbst dergleichen gewollt haben.

Das mag sein. Es mag sein, dass an der Kirche noch manches zu verbessern wäre. Aber eins darf man nicht vergessen: Auch große Ideen wie die des Christentums könnten ihre Wirkung nicht entfalten und würden früher oder später im Weltgetriebe versickern, wenn es keine Organisation gäbe, die sie bewahren und verbreiten und immer wieder in Erinnerung rufen würde. Das trifft auf alle Ideen zu. Die große Idee der europäischen Vereinigung zum Beispiel wäre ohne den Beamtenapparat der Europäischen Union in Brüssel niemals verwirklicht worden. Und nebenbei gesagt: Verglichen mit der Europäischen Union kommt der Vatikan mit sehr wenigen Mitarbeitern aus.

Wir haben jetzt jedenfalls eine Vorstellung davon gewonnen, worauf die Autorität des Papstes beruht. Und damit eine Antwort auf die Frage gefunden, worin seine Anziehungskraft besteht, wie sich seine Ausstrahlung erklärt. Dies alles zusammengenommen macht ihn zu einer einzigartigen Gestalt unter denen, auf die man in dieser Welt hört:

Er hat Dinge zu sagen, die niemals in Vergessenheit geraten dürfen.

Er spricht Wahrheiten aus, an deren Gültigkeit sich in zwei Jahrtausenden nichts geändert hat, ewige Wahrheiten vielleicht.

Er verteidigt moralische Werte, die nicht nur von Christen als Grundlage des friedlichen Zusammenlebens von Menschen anerkannt werden.

Er gehört zu den wenigen, die auch in Zeiten der Erschütterung und Verunsicherung unerschütterlich bleiben. Vielleicht ist das sogar das Erstaunlichste an ihm, diese Unbeirrbarkeit, die manchmal fast an Sturheit grenzt.

Andere würden sich damit nicht beliebt machen. Aber ein Papst kann alles kritisieren, was heutigen Menschen lieb und teuer ist. Er kann vor blindem Fortschrittsglauben warnen, den modernen Lifestyle als Irrtum brandmarken und darauf bestehen, dass nicht alle Ideen gleich wahr und nicht alle Meinungen gleich richtig sind, er kann bestreiten, dass dem Menschen jede Freiheit gleich gut bekommt und er deshalb tun und lassen darf, was er will, er kann, mit einem Wort, vollkommen unmodern sein – und trotzdem büßt er seine Autorität nicht ein.

Er will niemandem gefallen, er legt nicht den geringsten Wert darauf, zeitgemäß zu sein, er widerspricht, wo alle anderen einer Meinung sind – und dennoch nimmt man ihn ernst. Wirklich erstaunlich. Aber womöglich ist genau das die Stärke eines Papstes. Wahrscheinlich brauchen wir einen Spielverderber wie ihn. Einen, der wie ein Fels in der Brandung steht – und deshalb Herzen und Seelen gewinnt.

4. Die ersten tausend Jahre – von Petrus bis Stephan VI.

Eigentlich wird von einem Papst Übermenschliches erwartet. Er soll die schwierigen Geschäfte Gottes auf Erden betreiben und gleichzeitig ein bescheidener, vorbildlich guter Mensch sein. Er soll die Weltkirche mit ihren viertausend Bischöfen und vierhunderttausend Priestern auf Kurs halten und gleichzeitig so milde und freundlich wie ein gütiger Vater auftreten. Er soll unnachgiebig die Werte und Wahrheiten des Christentums verteidigen und gleichzeitig menschliche Wärme ausstrahlen. Fast zu viel für einen Menschen, doch die Päpste unserer Zeit haben das fertiggebracht, sie haben nicht zuletzt durch ihre menschliche Größe überzeugt.

Die Italienerin Enrica Rosanna, eine Ordensschwester, hat Johannes Paul II. gut gekannt, sie ist auch eine enge Vertraute von Benedikt XVI. und sie bestätigt diesen Eindruck. Keine Frau ist so im Vatikan zu Hause wie sie, denn Schwester Rosanna ist die erste Frau in der Geschichte der katholischen Kirche, die eine **Kongregation** (ein päpstliches Ministerium) leitet, und wenn sie über die beiden spricht, gerät sie fast ins Schwärmen.

»Johannes Paul II. war der Papst der Verbundenheit mit den Menschen, der Nähe und der Verständigung über alle Grenzen hinweg.« sagt sie. *»Vor allem junge Leute haben ihn als Verbündeten und Weggefährten empfunden, weil er wirklich ein offenes Ohr für sie hatte, weil er sie mit Begeisterung anstecken konnte und weil er gleichzeitig provozierte, forderte und Ansprüche stellte. Bei Papst Benedikt hingegen war man anfangs skeptisch. Da haben wir uns gefragt: Wie will er in die Fußspuren seines Vorgängers treten? Wie soll es ihm bei seiner Schüchternheit gelingen, die Herzen der Menschen zu erobern? Doch dann hat sich gezeigt, dass Benedikt XVI. mit sparsamen Mitteln dasselbe erreicht wie Johannes Paul. Vom Fenster meines Büros aus überblicke ich den Petersplatz, und ich erlebe, dass dieser Platz sich wie nie zuvor mit Menschen füllt, wenn Benedikt sich zeigt. Diese Gestalt, die früher so starr und unnahbar wirkte, hat sich als zugänglicher, schlichter Mensch entpuppt. Für mich ist Benedikt heute der Papst der Klarheit, der Wahrheitsliebe und des Ausgleichs, und ich glaube, dass sich der letzte und der heutige Papst wunderbar ergänzen.«*

Offenbar haben wir in den letzten Jahrzehnten mit unseren Päpsten Glück gehabt. In der Vergangenheit aber hatte die Kirche längst nicht immer Glück mit ihnen. Wenn man ehrlich ist, muss man zugeben: Oft sind Päpste keine Vorbilder gewesen, ganz im Gegenteil.

Viele der rund dreihundert Päpste in der Geschichte der Kirche waren unbeschreiblich macht- und geldgierig, brutal und hartherzig – alles, was man als Christ nicht sein sollte und als Stellvertreter Christi auf Erden schon gar nicht. Viele führten sich nicht anders als weltliche Herrscher auf. Sie ließen ihre Gegner hinrichten, beteiligten sich an Kriegen und Machtkämpfen, rüsteten selbst Heere aus, traten selbst als Feldherren auf, mussten fliehen oder wurden ermordet – und erhoben irgendwann ungeachtet aller eigenen Probleme den Anspruch, die höchste Gewalt auf Erden zu sein, also nicht nur in kirchlichen Angelegenheiten, sondern auch in politischen Dingen das letzte Wort zu haben. Wie kommt das?

Vielleicht ist die Versuchung einfach zu groß. Die Versuchung, sich für den Größten zu halten, wenn man weiß: Meine Macht ist mir nicht von Menschen verliehen worden, sondern von Gott. Ich bin auserwählt. Ich bin mit dem allmächtigen Schöpfer des Himmels und der Erde im Bund – kein Mensch hat mir etwas zu sagen. Allein die insgesamt neun **Titel**, die ein Papst bis heute führt, können einen leicht schwindelig machen. Sie lauten der Reihe nach:

> Bischof von Rom
> Statthalter Jesu Christi
> Nachfolger des Apostelfürsten
> Oberhaupt der Gesamtkirche
> Patriarch des Abendlands
> Primas von Italien
> Erzbischof und Metropolit der Kirchenprovinz Rom
> Souverän des Staates der Vatikanstadt
> Diener der Diener Gottes

Das ist ja schon allerhand: Nachfolger des Apostelfürsten, Statthalter Jesu Christi – wer das von sich sagen kann, der ist ziemlich weit oben angekommen. Diese Titel können einem Papst das ganze Ausmaß seiner Verantwortung bewusst machen, sie können ihm aber auch zu

Kopf steigen. Kein Wunder, dass es neben charakterstarken und bewundernswerten Päpsten auch völlig gewissenlose und machtsüchtige gegeben hat.

Wer Papst werden will, der sollte eine Vorstellung davon haben, was seine Vorgänger getrieben haben und welches Erbe er antreten würde. Bevor wir die Frage beantworten, wie man denn nun Papst wird, kann ein Rückblick auf die Geschichte der Päpste nicht schaden – du musst ja wissen, worauf du dich einlässt. Rollen wir sie also noch einmal auf, diese Geschichte.

Ein Fischer namens Petrus

Alles beginnt ganz unspektakulär mit einem Fischer namens **Petrus**. Zusammen mit seiner Frau und seiner Schwiegermutter bewohnt er ein bescheidenes Haus im Fischerviertel von Kapernaum, einer Kleinstadt am Ufer des Sees Gennesaret im heutigen Israel. Es ist eine unruhige Zeit. Die Römer haben das ganze Land besetzt, und immer wieder verüben Widerstandskämpfer blutige Überfälle auf römische Soldaten, die daraufhin brutal zurückschlagen. Petrus beteiligt sich daran allerdings nicht. Er führt ein Leben wie die meisten hier, denn am Nordufer des Sees reiht sich ein Fischerstädtchen ans andere, und wahrscheinlich lebt er von seiner Arbeit nicht schlecht – Petrus und seine Kollegen exportieren nämlich einen Teil ihres Fangs und selbst auf den Märkten der Welthauptstadt Rom kann man Fisch aus dem See Gennesaret kaufen.

Um das Jahr 30 herum macht Petrus die Bekanntschaft eines merkwürdigen Mannes. Er heißt Jesus, er zieht umher, er heilt Kranke und verkündet, dass eine neue Zeit anbrechen wird, wenn man auf ihn hört. Eine Zeit des Friedens. Man dürfe nur nicht mehr Gewalt mit Gewalt beantworten. Man solle sein Glück überhaupt nicht mehr darin suchen, über andere zu triumphieren, ja, man solle sogar seine Feinde lieben, denn: Wer seine Feinde liebt, der hat keine Feinde mehr.

Dieser Jesus sucht tatkräftige Männer und Frauen, die ihn auf seinen Wanderungen begleiten und dabei unterstützen, möglichst viele Menschen für seine Ideen zu gewinnen. Petrus ist ein Draufgänger, unerschrocken, nicht auf den Mund gefallen, also genau der Richtige – die beiden freunden sich schnell an und Petrus wird zum wichtigsten Schüler und Mitstreiter Jesu. Seinen Beruf vernachlässigt er jetzt. Dieser Jesus ist etwas Besonderes, das spürt er. Er redet so, als würde er die geheimsten Gedanken Gottes kennen. Und er heilt die Menschen, als hätte er übernatürliche Kräfte. Petrus ist fasziniert. Und Jesus weiß, dass er sich auf Petrus mehr als auf jeden anderen verlassen kann.

Zwei oder drei Jahre lang geht die Sache gut; man zieht durch die Lande und begeistert große Menschenmengen, da geschieht etwas Fürchterliches: Jesus wird in Jerusalem verhaftet, als Unruhestifter verurteilt und gekreuzigt. Schluss, Ende. Die Träume von einer neuen Zeit des Friedens sind ausgeträumt. Doch schon zwei Tage später heißt es, sein Grab sei leer. Und es spricht sich herum, Jesus sei von den Toten auferstanden. Jetzt sind Petrus und die anderen Mitstreiter Jesu davon überzeugt: Dieser Mann war Gottes Sohn. Und seine Botschaft ist wahr und richtig, weil sie direkt von Gott kam. Nichts ist vorbei. Das Ende ist der Anfang. Von nun an verbreiten die Anhänger Jesu seine Botschaft, in kurzer Zeit entstehen die ersten christlichen Gemeinden und für Petrus beginnt ein bewegtes Leben.

An Fischen ist nicht mehr zu denken. Petrus genießt von allen Jüngern das größte Ansehen, denn Jesus hatte ihm am ehesten zugetraut, sein Lebenswerk fortzusetzen. Also übernimmt er zunächst die Leitung der christlichen Gemeinde in Jerusalem, begibt sich dann aber bald auf Reisen. Bereits in den Vierzigerjahren existiert eine Gemeinde in Antiochia, einer Riesenstadt mit sechshunderttausend Einwohnern an der nordöstlichen Ecke des Mittelmeers, die im ganzen Römischen Reich für ihre Vergnügungssucht berühmt und berüchtigt ist – Petrus leitet auch diese Gemeinde für einige Jahre. Dann zieht er in Begleitung seiner Frau als Missionar durch Kleinasien (die heutige Türkei) und Griechenland, kommt in den Fünfzigerjahren nach Rom, wo es ebenfalls schon Christen gibt, und widmet sich dort dem Aufbau der Gemeinde.

Petrus sei der erste **Bischof** von Rom gewesen, heißt es später. Aber das Wort »Bischof« bedeutet ursprünglich nichts anderes als »Aufseher« oder »Vorsteher«, man darf sich darunter nicht einen Kirchenmann in der feierlichen, schwarz-violetten Amtstracht eines heutigen Bischofs vorstellen. Der erste Gemeindevorsteher also, das ist Petrus in Rom gewesen.

War Petrus auch der erste Papst? Fühlte er sich in irgendeiner Weise als etwas Besonderes, als Oberhaupt der Kirche oder gar als Statthalter Jesu Christi?

Nein, ganz gewiss nicht. Warum sollte er? Auch wenn Jesus auf Petrus die größten Hoffnungen gesetzt haben mag – den Auftrag, seine Botschaft zu verkünden, hatten genauso alle anderen Jünger Jesu erhalten. Jetzt teilt man sich eben die Arbeit. Und auch die Gemeinde in Rom ist bisher nur eine von vielen. Im ganzen Osten des Römischen Reichs sind mittlerweile christliche Gemeinden entstanden, in Griechenland, in Kleinasien, in Syrien, in Palästina und Ägypten. Wenn es eine Gemeinde gibt, die einen höheren Rang beanspruchen darf, dann ist es die von Jerusalem, die Urgemeinde, und die wird von Jakobus geleitet, dem ältesten Bruder Jesu.

Einen Papst gibt es auch in den folgenden vierhundert Jahren noch nicht. Oder besser: Es gibt mehrere Päpste. Denn die Übersetzung von »Papst« lautet schlicht und einfach »Vater«, und so werden auch die Bischöfe anderer Großstadtgemeinden angesprochen, der Bischof von Antiochia zum Beispiel oder der von Alexandria in Ägypten. Wer von all diesen Päpsten die größte Autorität hat, das bleibt für lange Zeit noch unentschieden.

Dennoch gewinnt Petrus eine einzigartige Bedeutung für die Kirche. Aber nicht als Lebender, sondern als Toter. Als **Märtyrer**. Als einer, der für seinen Glauben den Tod in Kauf genommen hat. Denn um das Jahr 65 wird Petrus in Rom hingerichtet, gekreuzigt wie Jesus Christus. Der Grund für seine Hinrichtung? Den Römern sind die Christen aus den verschiedensten Gründen verdächtig, ja geradezu unheimlich.

Eigentlich haben die Römer nichts gegen andere Religionen, aber die Christen sind anders als alle anderen. Sie haben keine Tempel wie die anderen, sie treffen sich nicht in der Öffentlichkeit wie die anderen, sie versammeln sich stattdessen still und heimlich in Privathäusern, und jeder darf bei ihnen mitmachen, Juden wie Griechen, Römer wie Germanen, Vornehme wie Sklaven und sogar Frauen. Auf die Römer wirken diese Christen wie eine lichtscheue Verschwörerbande, der alles zuzutrauen ist, auch dass sie bei ihren Versammlungen das Blut getöteter Kinder trinken. Beweisen kann man den Christen zwar nichts, aber Christ zu sein gilt trotzdem als todeswürdiges Verbrechen, und für die nächsten zweieinhalb Jahrhunderte werden christliche Männer, Frauen und Kinder zu Tausenden in den Arenen des Römischen Reichs hingerichtet, gekreuzigt oder verbrannt oder den Raubtieren zum Fraß vorgeworfen, als menschliches Tierfutter.

Doch die römische Staatsmacht hat sich verrechnet. Die Märtyrer beschleunigen den Erfolg des Christentums. Sie werden von ihren eigenen Leuten wie Helden verehrt, sie gelten als strahlende Vorbilder für Unerschütterlichkeit, für Willens- und Glaubensstärke, für den Sieg über die Todesfurcht und in jeder christlichen Gemeinde ist man auf seine Märtyrer stolz. Der berühmteste aller Märtyrer aber ist der berühmteste aller Jünger: Petrus. Und dessen Leichnam liegt in Rom begraben. Dessen Nachfolger ist der Bischof von Rom. Und mit dessen Prestige als »Apostelfürst« werden diese römischen Bischöfe irgendwann ihren Anspruch begründen, über allen anderen Bischöfen zu stehen. Bis dahin allerdings müssen noch Jahrhunderte vergehen.

Ob Petrus ein würdiger Vorläufer der Päpste war? Ein leuchtendes Vorbild für seine Nachfolger? Das wissen wir nicht. Die Informationen über seine Zeit in Rom sind spärlich. Aber nach allem, was wir in den Evangelien und der Apostelgeschichte über ihn erfahren, muss er das Zeug zu einem guten Bischof gehabt haben. Er war sicher ein imponierender Mann, unerschrocken, energisch, begeisterungsfähig, überzeugend; einer, der in der einfachen und kraftvollen Sprache eines Fischers vom See Gennesaret erzählen konnte, was er mit Jesus erlebt hatte. Und der vor allem keinen anderen Ehrgeiz hatte, als dem bunt gemischten Volk seiner römischen Gemeinde das Vorbild Jesu Christi immer wieder vor Augen zu halten.

Schwache Kaiser, starke Päpste

Von den unmittelbaren Nachfolgern des Petrus wissen wir nicht viel. Sie haben Namen, die später nie wieder auftauchen, ausgefallene Namen wie Linus, Anaclet, Evaristus, Telesphorus oder Hyginus, und alle zusammen spielen sie keine große Rolle.

Tonangebend sind die Gemeinden im östlichen Mittelmeerraum, in Griechenland, Kleinasien, Syrien und Ägypten, wo die großen christlichen Denker, die Theologen, zu Hause sind. Was dem Bischof von Rom aber zugutekommt, sind die ewigen Streitereien dieser Theologen untereinander. Man muss nämlich wissen, dass sie fortwährend aneinandergeraten über die Frage, wer Jesus genau gewesen ist.

Ein gottähnlicher Mensch?

Gott selbst?

Oder eine Mischung aus Mensch und Gott?

Natürlich wäre es absurd, wenn man sich darüber nicht einigen könnte und die Christen in Antiochia am Ende etwas anderes glauben würden als die in Thessaloniki oder Alexandria. Doch wer soll entscheiden, was als wahr zu gelten hat?

Und da sind es nun die Bischöfe von Rom, die in diesen Debatten das letzte Wort beanspruchen und immer häufiger auch das letzte Wort haben. Sie berufen sich auf Petrus und sagen: So, wie er der Wortführer und Anführer der Jünger war, so müssen nun auch dessen Nachfolger in Rom die Hauptrolle spielen.

Die anderen akzeptieren das. So kommt es, dass der Bischof von Rom immer häufiger als Schiedsrichter in Glaubensfragen auftritt. Er gibt den Ausschlag. Nur er gewährleistet im ständigen Meinungsstreit der Theologen die Einheit der Kirche. Und diese Sonderrolle trägt ihm allmählich eine gewisse Sonderstellung ein. Das ist der erste Schritt zum Papsttum.

Dann ist es, ab 312, mit den Christenverfolgungen vorbei. Der römische Kaiser **Konstantin** selbst wird Christ. Und die Christen trauen ihren Augen nicht. Manche Bischöfe tragen noch die Folterspuren der letzten Verfolgungswelle am Leib – und jetzt hofiert der Kaiser sie regelrecht, lädt sie ein, diskutiert mit ihnen, bewirtet sie sogar! Es ist fast zu schön, um wahr zu sein. Zumal Konstantin gleich riesige Kirchen in Rom bauen lässt, eine davon genau über dem Grab des Petrus, und auch sonst alles tut, um dem Christentum zum endgültigen Durchbruch zu verhelfen.

Der Kaiser und der Bischof von Rom bilden nun gewissermaßen ein Gespann, und der Gedanke drängt sich auf: Von Rom aus wird die Welt regiert, von Rom aus muss auch die Kirche regiert werden. Und prompt begegnen uns Päpste, die sich wie kleine Kaiser aufführen. Papst Siricius (384-399) zum Beispiel, der seinen Amtsbrüdern Briefe im hochfahrenden Stil kaiserlicher Erlasse schreibt, also in schroffer Form anderen Bischöfen Befehle erteilt und Verbote ausspricht, ohne sie auch nur zu begründen.

Früher hatten die Christen das Römische Reich gefürchtet, jetzt sind sie mit ihm versöhnt und übernehmen gern politische Aufgaben. Die Bischöfe etwa üben das Amt des Friedensrichters aus und erhalten zum Beispiel das Recht, Sklaven die Freiheit zu schenken. Doch plötzlich ziehen dunkle Wolken über dieser schönen, christlich geordneten Welt auf.

Das Unheil kündigt sich an, als germanische Westgoten Italien überrennen und der römische Kaiser ihren Siegeszug nicht aufhalten kann. Und die Katastrophe tritt ein, als diese Westgoten im Jahr 410 Rom erreichen, die Stadt erobern und drei Tage lang plündern. Rom, die Hauptstadt der Welt – von unzivilisierten Germanen eingenommen und verwüstet! Unvorstellbar.

Noch ist Rom nicht verloren, aber das Selbstbewusstsein der Römer ist ins Wanken geraten: Sie, die früher große Teile der bekannten Welt erobert haben, werden nun selbst zu Opfern eroberungswütiger Barbaren. Und das ist erst der Beginn des Dramas.

In dieser Zeit der Schreckensmeldungen besteigt ein außergewöhnlicher Mann den Heiligen Stuhl, **Leo I.** (440-461), genannt »der Große«. Einer, dem es nicht an Selbstvertrauen fehlt. Leo ist nämlich davon überzeugt, dass der Geist des Petrus in ihm wirkt und dass durch ihn Petrus selbst die Geschicke der Kirche leitet. Aus diesem Grund erhebt er unmissverständlich den Anspruch, für die gesamte Christenheit zuständig und verantwortlich zu sein. Er ist der Erste, der die Bezeichnung »Papst« voll und ganz verdient. Vor allem sein Mut ist beeindruckend. Zweimal rettet er Rom sogar vor dem völligen Untergang, und das kommt so:

Im Frühjahr 452 fällt der Hunnenkönig Attila mit seinem Heer brandschatzend und mordend in Norditalien ein. Der römische Kaiser kann ihn nicht aufhalten. Niemand konnte Attila bis dahin aufhalten. In seiner Verzweiflung bestimmt er Leo I. zum Leiter einer Gesandtschaft, die den Hunnenkönig umstimmen und zum Abzug bewegen soll. Leo reitet ihm also entgegen. Bei Mantua in Norditalien kommt es zur Unterredung zwischen dem unbewaffneten Bischof und dem erbarmungslosen Eroberer, und Leo macht auf den Hunnenkönig einen solchen Eindruck, dass der sich tatsächlich aus Italien zurückzieht.

Im Jahr darauf stirbt Attila. Italien ist befreit, Rom erlöst.

Nur drei Jahre später aber droht wieder Gefahr, diesmal aus dem Süden. Der Vandalenkönig Geiserich greift Rom an und auch dem tritt Papst Leo entgegen. Zwar kann er die Plünderung der Stadt nicht abwenden, aber er erreicht, dass die vandalischen Krieger das Leben ihrer Bewohner schonen und Rom nicht niederbrennen.

Kein Wunder, dass das Ansehen des Papsttums unter Leo I. gewaltig wächst. Was der Kaiser nicht vermag, das erreicht der Papst ohne einen Schwertstreich, allein durch die Kraft des Wortes. Ist er nicht wirklich mächtiger als der mächtigste weltliche Fürst?

Vielleicht. Aber aufhalten lässt sich der Lauf der Dinge auch durch eindrucksvolle Papstgestalten wie Leo I. nicht. Achtzig Jahre später ist es mit der römischen Weltmachtherrlichkeit endgültig vorbei. Die germanischen Langobarden stehen fast vor den Toren Roms, wo nach einer Tiberüberschwemmung eine verheerende Seuche wütet; Hilfe oder gar Rettung ist von keiner Seite mehr zu erwarten und die Römer sehen das Ende ihrer Stadt gekommen. Da geschieht ein kleines Wunder.

Gregor I. (590-604) wird Papst, ein ehemaliger Mönch. Kaum gewählt, macht er sich daran, der sterbenden Stadt neuen Lebensmut einzuflößen. Um der Seuche Herr zu werden, organisiert er als Erstes eine große Prozession durch ganz Rom, reißt die Bewohner aus ihrer Niedergeschlagenheit und bringt es fertig, ihnen wieder Selbstvertrauen zu geben.

Dann besetzt er die wichtigsten Posten in der Kirchenverwaltung mit unbestechlichen und frommen Mönchen und geht daran, die Armen der Stadt mit Lebensmitteln aus den Speichern der Kirche zu versorgen. Die Stadt ist ja voller Bettler und Gestrandeter, Menschen, die vor den Langobarden geflohen sind und hinter den Mauern Roms Zuflucht suchen. Eine staatliche Verwaltung gibt es nicht mehr. Der römische Staatsapparat ist unter dem Ansturm germanischer Völker zusammengebrochen und der Papst muss praktisch den Kaiser ersetzen.

Gregor I. tut das – und er leistet noch viel mehr. Bisher haben sich alle Päpste als Römer gefühlt und die Grenzen des Römischen Reichs als die Grenzen der Kirche angesehen. Gregor denkt darüber hinaus. Er ist der erste Europäer. Er weiß, dass er die Germanen Nordeuropas für das Christentum gewinnen muss, wenn die Kirche nicht zusammen mit dem Römischen Reich untergehen soll.

Deshalb entsendet er im Jahr 596 den Abt seines ehemaligen Klosters und neununddreißig weitere Mönche als Missionare nach England, zu den Barbaren. Ihm schwebt ein großer Kulturraum vor, der ganz Europa umfasst, wo nicht nur alle ein und denselben Glauben haben, sondern wo auch die großartigen Ideen der antiken, römisch-griechischen Zivilisation weiterleben. Das Europa, das wir heute kennen, geht im Grunde also auf die kühne Vision dieses außergewöhnlichen Papstes zurück. Auch er erhielt den Beinamen »der Große«, verdientermaßen.

Wenn du als Papst nach leuchtenden Vorbildern suchst, hier sind sie: Leo I. und Gregor I. Beide haben ihre Aufgabe ernst genommen, haben sie gewissenhaft und mutig erfüllt. Beide haben sich wirklich als die geistlichen Väter der Kirche verstanden. Und beide haben gewusst, dass die Macht der Päpste nicht auf Besitz und weltlicher Herrschaft und Waffengewalt beruht, sondern auf unerschütterlichem Glauben und vorbildlichem Handeln. Die Päpste, die nun folgen, beherzigen diese Einsicht nur noch selten. Und mit dem Papsttum geht es langsam, aber sicher bergab.

Finstere Zeiten

Immer tiefer verstricken sich die Päpste nun in die Politik, immer tiefer werden sie hineingezogen – in die große Politik Europas und in die kleine Politik der Stadt Rom. Sie wissen sich nicht anders zu helfen, sie brauchen ja tatsächlich Verbündete, denn im 8. Jahrhundert wird ihnen von allen Seiten zugesetzt: Den kriegerischen Langobarden sind sie nach wie vor ausgeliefert, übers Meer kommen die Sarazenen und fallen in Italien ein, die Araber setzen von Spanien aus über und bedrohen Rom.

Da ist es vielleicht nicht die schlechteste Idee, sich das stärkste Reich des Kontinents zum Verbündeten zu machen, das Frankenreich. Also beeilt sich Papst Zacharias, den Franken Pippin zum König zu ernennen, als der ihn im Jahr 751 darum bittet. Und Papst Leo III. geht noch weiter: Er krönt Pippins Sohn Karl den Großen im Jahr 800 sogar eigenhändig zum neuen römischen Kaiser.

Rein politisch betrachtet, ist dadurch viel für die Päpste gewonnen. Denn erstens bestimmen sie nun in der europäischen Politik mit, nehmen sogar auf die Wahl von Königen und Kaisern Einfluss. Zweitens haben sie damit einen mächtigen Gönner und Schutzherrn gewonnen. Und drittens werden sie nun selbst zu weltlichen Herrschern, denn Pippin hat dem Papst aus Dankbarkeit große Ländereien in Mittelitalien

geschenkt und Karl der Große überlässt dem Heiligen Stuhl weitere Gebiete – der Grundstock für den späteren Kirchenstaat.

Doch die Sache hat einen Haken. Denn jetzt muss sich der Papst auf die Welt der Macht und der Machtkämpfe einlassen. Jetzt schwebt er nicht mehr über den Dingen. Jetzt muss er politisch denken und handeln, und das heißt immer: die Welt in Freund und Feind, in Verbündete und Gegner einteilen. Als Oberhaupt aller Christen müsste der Papst eigentlich neutral sein. Stattdessen wird er nun in Machtspiele und Interessenkonflikte hineingezogen. Das kann nicht gut gehen.

Und es geht nicht gut. Denn plötzlich ist es attraktiv geworden, Papst zu sein. Es verspricht blendende Einkünfte aus dem Besitz der Kirche und politischen Einfluss, und mit einem Mal reißen sich die rivalisierenden Adelsfamilien in Rom darum, den Papst zu stellen.

Wem es gelingt, seine Mitbewerber auszustechen und tatsächlich Papst zu werden, hat allerdings nicht viel davon. Er muss nach der Pfeife derjenigen Adelspartei tanzen, die gerade Oberwasser hat, sonst riskiert er Leib und Leben. Unliebsame Päpste werden erschlagen oder verjagt, neue nach Belieben eingesetzt, und meist sind es unwürdige Kreaturen, Marionettenpäpste irgendwelcher Adelscliquen, nützliche Idioten im Kleinkrieg um die Macht in Italien. Im 9. und 10. Jahrhundert durchlebt die Kirche finstere Zeiten. Einen der grausigsten Tiefpunkte der Papstgeschichte bildet die sogenannte **Leichensynode** von 897.

In diesem Jahr sitzt Papst Stephan VI. auf dem Heiligen Stuhl, ein ziemlich rüder Bursche. Die Wut auf seinen verstorbenen Vorgänger Formosus nagt Tag und Nacht an ihm und bringt ihn schließlich auf eine schauerliche Idee. Um Rache an ihm zu nehmen, lässt er den Kadaver des Formosus nach neun Monaten im Grab wieder herausholen, den Halbverwesten mit päpstlichen Gewändern bekleiden und vor einer Versammlung von Kirchenmännern aufstellen, um dann drei Tage lang ein gespenstisches Strafgericht über ihn zu halten. Anschließend wird die Leiche verstümmelt, durch die Straßen Roms geschleift und in den Tiber geworfen. In diesem Stil führt er sein Amt weiter und ein Jahr später ist auch Stephan VI. schon nicht mehr Papst.

Es sieht so aus, als wäre es nach knapp tausend Jahren mit dem Papsttum aus und vorbei. Und mit Rom ebenfalls. Die einstige Millionenstadt zählt noch ganze zehntausend Einwohner, die großartigen Bauwerke der Antike verfallen und werden als Steinbrüche benutzt. Ganz Europa wendet sich angewidert von diesem Rom ab. Der germanische Bischof Liutpold von Cremona bringt den allgemeinen Abscheu über die Verhältnisse in der Ewigen Stadt auf den Punkt: »*Wir Langobarden, Sachsen, Franken,*« schreibt er, »*verachten die Römer so sehr, dass wir für unsere Feinde in der Erregung keinen anderen Schimpfnamen finden als: Du Römer! In diesem Wort fassen wir alles zusammen, was es an Gemeinheit, Feigheit, Geiz, Ausschweifung und Verlogenheit gibt.*«

Tiefer kann man nicht mehr sinken als die Päpste und ihre Stadt. Und trotzdem geht ihre Geschichte weiter. Entgegen alle Erwartung.

5. Die zweiten tausend Jahre – von Gregor V. bis Benedikt XVI.

Rom eine Ruinenstadt, seine Bevölkerung verlottert und die Päpste bloß noch Karikaturen ihrer selbst – aber die Kirche zerbricht nicht. Das Christentum löst sich nicht auf, das Fundament hält. Wie ist das möglich?

Zunächst einmal müssen wir uns klarmachen, dass es für die Menschen des Mittelalters – wie für die Menschen der Antike auch – unvorstellbar ist, keine Religion zu haben. Der Glaube an Gott ist für sie das Selbstverständlichste von der Welt. Die Kirche gibt ihrem Leben Inhalt und Form, und zwar den einzig denkbaren Inhalt und die einzig denkbare Form. Mit ihren festlichen Zeremonien und ihren feierlichen Ritualen begleitet sie jeden Menschen von seiner Geburt bis zu seiner Sterbestunde und alles in einem solchen Menschenleben bekommt durch den Glauben an Gott eine tiefere Bedeutung, einen Sinn. Da kann ein Priester oder ein Bischof oder ein Papst noch so unwürdig sein – die Wahrheit des Glaubens hängt nicht von ihnen ab und die Gewissheit des Glaubens ist stärker als das abstoßendste Vorbild.

Dass die Kirche damals nicht zerbricht, verdankt sich auch den **Mönchen,** Männern mit geschorenen Köpfen und langen, schwarzen Kutten. Sie leben in ihrer eigenen Welt, nach ihren eigenen Regeln, sie sind unabhängiger, kompromissloser, ernsthafter als die meisten Kirchenmänner. Die Mönche sind der eigentliche Motor des Christentums. Mönche sind sich für nichts zu schade. Sie übernehmen die heikelsten Aufträge, führen die kühnsten Projekte aus, erledigen aber auch die Drecksarbeit. Mönche haben die germanischen Völker für das Christentum gewonnen, haben in den entlegensten Winkeln Europas Klöster gebaut, haben Schulen gegründet, Krankenhäuser eingerichtet und Bibliotheken angelegt.

Die Mönche sind die menschlichen Arbeitsbienen dieses mittelalterlichen Europas und gleichzeitig kommen aus den Klöstern die klügsten Köpfe, die fruchtbarsten Denker. Der erste deutsche Dichter, Notker der Stammler (gest. 912), war Mönch, der erste deutsche Komponist, Hermann der Gelähmte (1013-1045), war Mönch, und unter den besten Päpsten waren ebenfalls zahlreiche Mönche. Egal, wie schlimm es um Kirche und Papst auch steht – die Mönchsorden halten die Ideale des Christentums lebendig; sie sind auch jetzt, um die Jahrtausendwende, ein leuchtendes Vorbild, selbst für Rom.

Und schließlich: In dieser Krise des Papsttums nehmen sich die deutschen Kaiser der Sache an. Sie sind mit Abstand die mächtigsten Herrscher Europas, sie sind entschlossen, das Papsttum zu retten, sie geben sich alle Mühe, in Rom wieder Ordnung zu schaffen. Deutsche Päpste sollen ihnen dabei helfen, zuverlässige und reformeifrige Männer wie Gregor V. (996-999), die allerdings einen Nachteil haben: Als Fremde und Vertrauensleute des Kaisers stoßen sie in Rom auf wenig Gegenliebe.

Und kaum hat Gregor V. sein Amt angetreten, wählen die Römer ihren eigenen Papst. Der muss zwar bald die Flucht ergreifen, wird unterwegs gefangen genommen, grausam verstümmelt, zur Abschreckung auf einem Esel durch Rom geführt und für den Rest seines Lebens in ein Kloster gesteckt – aber die Unsitte, **Gegenpäpste** aufzustellen, ist nicht mehr aus der Welt zu schaffen. In den kommenden Jahrhunderten werden sich immer wieder Päpste und Gegenpäpste gegenseitig den Heiligen Stuhl streitig machen, und zeitweilig wird keiner mehr wissen, welcher nun der richtige und welcher der falsche Papst ist.

Immerhin, mit Hilfe der deutschen Kaiser hat sich das Papsttum erholt. Die Päpste sind zu neuem Ansehen gekommen. Und prompt reicht es ihnen nicht mehr, nur die Kirche zu regieren. Jetzt erleben wir Päpste, die den Fehler machen, sich an ihrer frisch gewonnenen Macht zu berauschen.

Die Päpste als Herren der Welt

Geradezu größenwahnsinnig gebärdet sich **Gregor VII.** (1073-1085). Sicher, die Kaiser sind für den Geschmack der Päpste in letzter Zeit etwas zu eigenmächtig aufgetreten. Sie haben sich immer wieder eingemischt und den Anschein erweckt, als wären sie genauso für die Kirche zuständig wie der Nachfolger des Petrus. Doch alles in allem war die Zusammenarbeit zwischen Papst und Kaiser erfolgreich und strittige Fragen könnte man ja unter vier Augen klären.

Aber Papst Gregor VII. will keine gütliche Einigung. Er will den jungen deutschen König Heinrich IV. zwingen, seinen Befehlen zu gehorchen. Er will auch gegenüber dem mächtigsten Mann Europas das letzte Wort haben. Denn Gregor versteht sich als Führer aller Könige und Völker. Er vergleicht den Kaiser mit dem Mond, sich selbst aber mit der Sonne und strebt die Oberaufsicht über alle Staaten an.

In kurzer Zeit kommt es zu einem erbitterten Machtkampf zwischen beiden. König Heinrich erklärt den Papst erzürnt für abgesetzt, versäumt es aber, zusammen mit seinem Brief auch ein Heer nach Rom zu schicken. Also denkt Gregor VII. gar nicht daran, zurückzutreten. Stattdessen lässt er es auf einen Zusammenstoß ankommen und **exkommuniziert** den deutschen König. Das heißt, er stößt ihn aus der Kirche aus. Und das ist das Schlimmste, was einem Menschen des Mittelalters passieren kann.

Ein Exkommunizierter ist praktisch aus der menschlichen Gemeinschaft ausgeschlossen. Er ist rechtlos und muss sogar um das nackte Leben fürchten. Nicht einmal ein König kann jetzt noch so tun, als wäre nichts. Heinrich hat den Machtkampf verloren. Es bleibt ihm nichts anderes übrig, als sich dem Papst zu unterwerfen. Im klirrend kalten Winter 1076/77 geht Heinrich nach Italien um in Canossa, wo sich der Papst gerade aufhält, Buße zu tun. Er demütigt sich so weit, dass er barfuß und nur mit einem Wollhemd bekleidet vor der Burg von Canossa erscheint. Dieses Ereignis ist als »**Gang nach Canossa**« berühmt geworden. Der Stellvertreter Christi lässt Heinrich IV. dort drei Tage in Eis und Schnee warten, bevor er den halb erfrorenen König gnädig wieder in die Gemeinschaft der Kirche aufnimmt.

Gregor könnte mit seinem Erfolg zufrieden sein. Aber das ist er nicht. Er will beweisen, dass er nicht nur die Macht hat, einen König zu demütigen, sondern sogar in der Lage ist, ihn zu vernichten. Diese Gelegenheit ergibt sich acht Jahre später.

König Heinrich hält sich mit seinem Heer gerade in Rom auf, da ruft Papst Gregor die Normannen zu Hilfe, um sich den widerspenstigen König endgültig vom Hals zu schaffen. Die Normannen sind gefürchtete Krieger; sie haben kurz zuvor ganz Süditalien erobert und lassen sich nicht zweimal bitten. Heinrich kann sich gerade noch rechtzeitig zurückziehen, bevor das Normannenheer Rom erreicht. Und da der deutsche König nirgendwo zu sehen ist, tun die Normannen nun das, was in solchen Fällen häufiger geschieht: Sie dringen in die Stadt ein und richten ein furchtbares Blutbad unter ihren Bewohnern an. Jetzt bleibt Papst Gregor nur noch die Flucht. Um von den wütenden Römern nicht gelyncht zu werden, schließt er sich dem abziehenden Normannenheer an und stirbt bald darauf.

Wenn du als Papst nach einem abschreckenden Beispiel suchst, hier hast du es: Gregor VII. Er hat Unerschütterlichkeit mit Gnadenlosigkeit und Wahrheitsliebe mit Fanatismus verwechselt. Und statt zum Gleichgewicht der Welt beizutragen, hat er Verwirrung und Verwüstung gesät. Leider ist er beileibe nicht der letzte Papst, der sich für den verlängerten Arm Gottes hält und von der Weltherrschaft träumt.

Papst Innozenz III. (1189-1216) zum Beispiel glaubt, es dürfe auf Erden keinen mächtigeren Menschen geben als ihn, da Gott selbst ja auch allmächtig sei. Ein Papst sei eine Art Halbgott, lässt er wissen, »*diesseits von Gott, doch jenseits des Menschen, geringer als Gott, doch mehr als der Mensch*«. Etwas später treibt Papst Innozenz IV. (1243-1254) Machtgier und Gewissenlosigkeit auf die Spitze, als er sich an einem Mordkomplott gegen den deutschen Kaiser Friedrich II. beteiligt. Und Papst Bonifaz VIII. (1294-1303) versteigt sich schließlich zu der Wahnidee, der ganze Erdkreis müsse ihm gehorchen – alle Länder seien in Wirklichkeit das Eigentum der Kirche und alle Könige gewissermaßen die Befehlsempfänger des Papstes.

Oft sind es Mönche wie der Zisterzienserabt Bernhard von Clairvaux, die den Mut aufbringen, die Macht- und Geldgier der Päpste anzuprangern, und die Kirche auffordern, zu der Armut und Bescheidenheit ihrer Ursprünge zurückzukehren.

Dann kann es geschehen, dass man in Rom der Machtmenschen auf dem Heiligen Stuhl vorübergehend überdrüssig wird und jemanden wie Cölestin IV. (1241) zum Papst wählt, einen kränklichen Greis, der allerdings schon nach siebzehn Tagen im Amt stirbt. Oder Cölestin V. (1294), einen achtzigjährigen Einsiedler aus den Abruzzen, einen einfältigen, heiligmäßigen Mann, der zeitlebens in einer einsamen Hütte gelebt hat und nicht gewohnt ist, sich zu waschen oder das Haupthaar zu scheren, ja, der nicht einmal Latein spricht. Zur Begeisterung der Massen reitet Cölestin auf einem Esel in die Stadt ein, wird als »Engelspapst« begrüßt, tut tatsächlich auch niemandem etwas zuleide, hat aber nach fünf Monaten vom Papstsein genug und tritt zurück.

Nun geht es mit dem Machtkampf, den die Päpste angezettelt haben, in gewohnter Weise weiter.

Avignon – die Päpste im goldenen Käfig

Es scheint, als hätten die Päpste ihren Sinn für die Wirklichkeit verloren. Sie glauben offenbar, sie könnten sich Kaiser und Könige zu Feinden machen und Sieger bleiben. Das kann auf Dauer nicht gut gehen. Denn selbst wenn sie im Recht wären – Könige haben Armeen, Päpste nicht.

Diese Erfahrung muss Papst Bonifaz VIII. im Streit mit dem französischen König Philipp dem Schönen machen. Der hat inzwischen den deutschen Kaiser als mächtigsten Herrscher Europas abgelöst und ist empört, als er erfährt, dass Bonifaz VIII. ihn exkommunizieren will. König Philipp hat das klägliche Bild des frierenden Heinrichs IV. in Canossa vor Augen und wartet die Exkommunikation gar nicht erst ab – er schickt seine Leute nach Agnani, wo sich der Papst aufhält, und lässt ihn kurzerhand gefangen nehmen.

Damit ist es mit der Macht der mittelalterlichen Päpste endgültig vorbei. Einhundertdreißig Jahre lang, seit Gregor VII., waren sie von dem Gedanken beherrscht, der Nachfolger des Fischers Petrus müsse sich mit allen Mitteln zum Oberhaupt einer geistlichen Weltregierung machen. Und da in der Kirche alles gut, nämlich hundertfach durchdacht ist, gab es für diesen Ehrgeiz auch passende Argumente.

Der Papst, so hieß es, habe von Gott dem Allmächtigen alle Macht auf Erden übertragen bekommen, die geistige Macht wie die weltliche

Macht. Großzügigerweise verzichte er aber darauf, die weltliche Macht selbst auszuüben, und gebe sie an die Herrscher der irdischen Reiche weiter – auf Probe, gewissermaßen. Denn sobald ein Papst mit einem König unzufrieden sei, dürfe er ihm seine Macht auch wieder abnehmen.

So viel Anmaßung ging zwar selbst den deutschen Kaisern zu weit, aber als Schutzherren des Papstes respektierten sie doch dessen Unabhängigkeit. Der französische König denkt nun gar nicht daran. Er will einen neuen Machtkampf unter allen Umständen vermeiden. Er weiß: Ein unabhängiger Papst ist ein gefährlicher Papst – und bringt ihn deshalb einfach in seine Gewalt.

Von 1305 an gibt es in Rom keine Päpste mehr. Sie sind auf Druck des französischen Königs nach **Avignon** in Südfrankreich umgezogen und hier schmoren sie nun im eigenen Saft. Hier leben sie für die nächsten siebzig Jahre wie in einem goldenen Käfig und trösten sich mit prunkvollen Festen und pompösen Auftritten über ihren Machtverlust hinweg.

Aus den stolzen Päpsten sind ziemlich traurige Figuren geworden, und als Papst Johannes XXII. (1316-1334) sich erlaubt, dem deutschen Kaiser wieder einmal mit Exkommunikation zu drohen, beachtet ihn keiner mehr, nimmt ihn keiner mehr ernst. Wer ist schon Johannes XXII.? In Rom wäre er der Papst. In Avignon aber ist er bloß ein Bischof unter vielen.

Zu allem Überfluss arbeiten die Päpste jetzt auch noch eifrig daran, sich unbeliebt zu machen. In Avignon ist ihre Hauptsorge, an Geld und immer mehr Geld zu kommen. Geld aus den Taschen der Gläubigen natürlich. Ungeniert erfinden sie ständig neue Steuern, um ihr Luxusleben zu finanzieren. In dieser Zeit taucht ein furchtbarer Verdacht in der Christenheit auf: Der Papst ist in Wirklichkeit der **Antichrist**, der große Gegenspieler Gottes. Der Zerstörer der Kirche. Und die Päpste unternehmen wenig, um diesen Verdacht zu zerstreuen.

Wieder einmal sieht es so aus, als wäre das Papsttum nicht mehr zu retten. Allzu offensichtlich ist, dass diese Päpste Pracht und Luxus mehr lieben als alles andere auf der Welt. Nichts und niemand scheint sie zur Besinnung bringen zu können. Da wird Europa von einer furchtbaren Katastrophe heimgesucht: 1348 bricht die Pest aus.

Der Schwarze Tod breitet sich rasend schnell aus und in den nächsten Jahren werden in Frankreich, in Deutschland und Italien fast zwei Drittel der Bevölkerung dahingerafft. Ein Strafgericht Gottes! Ein

Zorngericht des Allmächtigen, das die Päpste mit ihrer Scham- und Gottlosigkeit heraufbeschworen haben! So sagen nicht nur die Bußprediger, die allenthalben durch die sterbenden Städte und Dörfer ziehen, so denken viele Christen. Und nun endlich erwägt man im Papstpalast von Avignon ernsthaft, die erregten Gemüter durch eine Rückkehr nach Rom zu besänftigen.

Nur ist das leichter gesagt als getan, denn Rom gleicht in diesen Tagen einem Trümmerfeld. In den verwüsteten Straßen von Rom herrscht das Chaos, die Stadt ist ein Tummelplatz von Söldnerhorden und Gangsterbanden, in den Nachtstunden heulen Wölfe in den vatikanischen Gärten. Die meisten Kirchen sind verfallen, selbst bei der altehrwürdigen Peterskirche ist das Dach eingestürzt und nach Sonnenuntergang benutzen Schäfer sie als Stall für ihre Herden. Papst Urban V. (1362-1370) ist zwar unerschrocken genug, dennoch die Rückkehr zu wagen, er wird von den dankbaren Römern auch Loblieder singend und Palmzweige schwenkend empfangen, ist aber gegen den Verfall der Sitten machtlos. Nach drei Jahren gibt er auf und zieht sich erschöpft nach Avignon zurück.

Da greift eine junge Frau in die Geschichte ein, **Katharina von Siena**, die Tochter eines einfachen Färbers. Sie ist von dem glühenden Glauben erfüllt, dass der Papst nur in Rom seine alte Autorität wiedererlangen kann. Sie sagt das auch laut und öffentlich und gibt keine Ruhe, sammelt Anhänger, fährt nach Avignon und verkündet dort vor den Mauern des gewaltigen Papstpalastes ihre Botschaft: Rom braucht den Papst, aber auch die Päpste brauchen Rom! Sie tut das so oft und so beharrlich, dass sie zu einer regelrechten Plage für den Papst wird, aber sie erreicht, was kein anderer geschafft hat: 1377 zieht Papst Gregor XI. (1370-1378) tatsächlich von Avignon nach Rom um und nimmt im Vatikan Quartier. Rom und der Papst sind wieder vereint! Und diesmal ist die Rückkehr endgültig.

Jetzt müsste Gregor nur noch die nötigen Reformen in Angriff nehmen, um das Papsttum vom Makel skrupelloser Geld- und Machtgier zu befreien, und die Päpste könnten wieder das werden, was alle von ihnen erwarten: die geistlichen Väter der Kirche – und vielleicht sogar vorbildliche Christen.

Doch stattdessen kommt es noch schlimmer.

Die große Kirchenspaltung

Die französischen Kardinäle wollen sich nicht damit abfinden, dass der Papst nun wieder in Rom sitzt. Denn wie gesagt – ein unabhängiger Papst ist ein gefährlicher Papst, einer, der dem König von Frankreich womöglich nicht mehr jede Gaunerei durchgehen lässt. In Avignon hatte man ihn unter Kontrolle gehabt, da musste ein Papst zu allem Ja und Amen sagen, da hatten sich die französischen Könige alles leisten können und der Papst hatte ein Auge zugedrückt. Diese schönen Zeiten sollen vorbei sein? Auf keinen Fall! Deshalb erklären die französischen Kardinäle Papst Gregor XI. nun für geistesgestört. Sie bezweifeln auch, dass bei seiner Wahl alles mit rechten Dingen zugegangen ist. Und sie wählen einen eigenen Papst, der sich Clemens VII. (1378-1394) nennt und natürlich nichts Besseres zu tun hat, als sich schnurstracks wieder nach Avignon zu begeben.

Jetzt hat die Christenheit zwei Päpste – und was das Schlimmste ist: Kein Mensch weiß, wer von beiden der rechtmäßige ist. Auf welchen soll man hören? Heillose Verwirrung bricht aus und Europa zerfällt in zwei Lager. Die eine Hälfte hält zu dem römischen Papst, die andere unterstützt seinen französischen Gegenspieler. Die **Kirchenspaltung** ist perfekt, und die Welt erlebt das lächerliche Schauspiel zweier Päpste, die sich gegenseitig aus der Kirche ausschließen.

Weil es so nicht weitergehen kann, tun sich einige Kardinäle zusammen und rufen Alexander V. (1409-1410) zum neuen und einzigen Papst aus – in bester Absicht, aber mit dem Erfolg, dass es nun statt zwei Päpsten drei davon gibt: einen in Rom, einen in Avignon und jetzt auch noch einen in Pisa.

Wieder einmal könnte die Geschichte der Päpste hier zu Ende sein. Und – wäre es schade um sie? Sind sie nicht eigentlich längst überflüssig? Ihre einzige Daseinsberechtigung ist, die Einheit der Kirche zu erhalten – jetzt aber haben sie keine Bedenken, die Kirche in den Abgrund zu stürzen. So viel ist jedenfalls klar: Aus eigener Kraft können diese Päpste ihren Untergang nicht mehr aufhalten. Aber wer soll hier ein Machtwort sprechen? Wer soll dieses Trauerspiel beenden?

Da taucht eine neue Idee auf, die schnell Anhänger gewinnt. Vielleicht die rettende Idee: ein **Konzil** müsste einberufen werden, eine Versammlung von Kirchenvertretern aus ganz Europa. Ein europäisches

Kirchenparlament sozusagen, das im Namen der gesamten Christenheit entscheiden und alle drei Päpste auf einen Schlag entmachten darf.

So neu ist diese Idee allerdings gar nicht. Denn in der Frühzeit des Christentums waren alle wichtigen Fragen auf Konzilien beraten und entschieden worden, in einem demokratischen Verfahren also. Irgendwann war diese bewährte Methode der Meinungsbildung in Vergessenheit geraten – in der allgemeinen Verzweiflung erinnert man sich jetzt wieder daran.

Und warum soll man es nicht ausnutzen, dass sich derzeit drei Päpste gegenseitig behindern, warum soll man nicht noch weitergehen und Folgendes festlegen: Das Konzil steht über dem Papst. Einem Konzilsbeschluss hätte sich dann der Papst genauso zu unterwerfen wie jeder einfache Gläubige. Das ist ein unerhörter Gedanke, kühn und geradezu revolutionär, aber auf diese Weise könnten die Päpste künftig vielleicht dazu gebracht werden, wieder an das Wohl der Christenheit zu denken.

Es ist der deutsche König Sigismund, der sich für diese Idee mit Feuereifer einsetzt. Auf langen Reisen durch halb Europa bemüht er sich, alle für ein solches Konzil zu gewinnen, Kirchenleute wie weltliche Fürsten. Und am 5. November 1414 ist es tatsächlich so weit: In Konstanz am Bodensee versammeln sich Bischöfe, Kardinäle, Professoren und zahlreiche Mächtige aus allen Teilen des Kontinents zur ersten Sitzung. Viele von ihnen sind miteinander verfeindet, und mancher ist nur widerstrebend gekommen, wie Johannes XXIII., der Papst aus Pisa, der immerhin die leise Hoffnung hegt, Konstanz als Sieger zu verlassen. Dass Sigismund sie alle überhaupt hier zusammengebracht hat, zeigt, wie groß die Not und wie grenzenlos die Ratlosigkeit ist.

Immerhin – dieses Konzil entwickelt sich zum größten und glanzvollsten Kongress des Mittelalters und man einigt sich tatsächlich! Zwar dauert es drei Jahre, doch dann ist der Neuanfang geschafft. Alle drei Päpste sind abgesetzt, also auch Johannes, und als neuer und nun wirklich einziger Papst zieht Martin V. (1417-1431) in Rom ein. Die europäische Kirchenspaltung ist nach neununddreißig Jahren beendet. Das Konzil war ein Erfolg.

Die Skandal-Päpste der Renaissance

Wie wird es weitergehen? Werden sich die Päpste jetzt auf ihre eigentliche Aufgabe besinnen? Ist von nun an mit glaubwürdigen und verantwortungsvollen Päpsten zu rechnen? Denn das muss man ja leider sagen: Bisher sind wir nicht vielen sympathischen Päpsten begegnet. Also Päpsten, die bei aller Macht menschlich geblieben sind, die Nächstenliebe und Vergebung nicht nur im Munde geführt haben. Alles in allem überwiegen bisher die schroffen, hartherzigen, unverfrorenen, kurz: die ziemlich unausstehlichen Typen unter den Stellvertretern Christi.

Nicht einmal die Päpste selbst machen sich darüber Illusionen, wie ein Ausspruch von Paul IV. (1555-1559) beweist. *»Es ist ein Wunder, wie dieser Heilige Stuhl sich behauptet hat, obwohl unsere Vorgänger alles getan haben, ihn zu verderben«*, stellte er einmal fest – und machte es dann auch nicht besser.

Immerhin hatten die mittelalterlichen Päpste doch eine grundlegende Wahrheit verstanden: dass die Kirche Widerstand leisten muss, Widerstand gegen den Zeitgeist, Widerstand gegen das, was gerade Mode ist. Dass das Christentum immer ein Gegenmodell zur Welt der Macht und Gewaltausübung ist, ein Gegenentwurf mit eigenen Idealen und eigenen Antworten auf all die Fragen, die das Zusammenleben der Menschen aufwirft. Auf keinen Fall darf sich die Kirche restlos ihrer Zeit anpassen – Spielverderber hatten wir moderne Päpste wie Johannes Paul II. und Benedikt XVI. deshalb genannt. Anpassung wäre der größte Fehler. Doch genau diesen Fehler begehen nun die meisten Päpste der nächsten zwei Jahrhunderte.

Äußerlich betrachtet bricht für die Päpste mit dem Zeitalter der **Renaissance** eine glanzvolle Epoche an. Als Martin V. den Vatikan bezieht, bietet die Stadt Rom immer noch ein trostloses Bild des Verfalls, aber die Einnahmen der Kirche sprudeln, und die Päpste haben Geld genug, neue, prachtvolle Kirchen und Paläste zu bauen, die besten Künstler zu engagieren und Rom zur Traumstadt zu machen. Zum Zentrum der europäischen Kultur. Zur geistlichen Welthauptstadt. In diesen zwei Jahrhunderten erhält Rom das Gesicht, das uns als Besucher heute noch beeindruckt. So gesehen, erstrahlte das Papsttum damals in einem Glanz wie nie zuvor.

Sie schwelgen in Schönheit und Prunk, diese Päpste. Sie sind gebildete und weltgewandte Leute. Doch um das Schicksal ihrer Gläubigen kümmern sie sich weniger denn je. Und Widerstand leisten sie schon gar nicht mehr. Irdische Macht erringen und die Früchte des Erfolgs genießen, das ist das Gesetz dieser Zeit, und die Päpste spielen fleißig mit. Als hätten sie alle Hemmungen verloren.

Sie treten wie Könige auf und gefallen sich in der Rolle des Feldherrn. Sie führen Kriege und werben Söldnerhaufen an, um ihre Besitzungen in Mittelitalien zu verteidigen oder zu vergrößern – Besitzungen, die mittlerweile so ausgedehnt sind, dass sie einen regelrechten **Kirchenstaat** bilden –, und manche Päpste haben selbst eine blutbefleckte Vergangenheit. Obendrein betreiben sie Vetternwirtschaft, das heißt, sie bereichern

sich und ihre Familien, indem sie so viele Verwandte wie möglich in die höchsten Kirchenämter und die finanziell einträglichsten Stellungen befördern. Viele verheimlichen ihre Sittenlosigkeit nicht einmal und ihre Geliebten gehen im Vatikan ein und aus.

Alexander VI. (1492-1503) gilt als der schlimmste aller Päpste überhaupt. Er ist ein Tyrann, der sich mit atemberaubender Selbstherrlichkeit über alle moralischen Regeln hinwegsetzt, dem einzig das Wohl seiner vier Kinder am Herzen liegt. Der Vatikan verwandelt sich zu seiner Zeit in ein Bordell.

Aber Leo X. (1513-1521) ist nicht besser. Sein Motto lautet: *»Lasst uns das Papsttum genießen, da Gott es uns verliehen hat.«* Und als im fernen Deutschland ein Mönch namens **Martin Luther** die Kirche angreift, fühlt sich Leo bloß in seinen Vergnügungen gestört und schenkt dem *»ärgerlichen Mönchsgezänk,«* wie er sich ausdrückt, kaum Beachtung. Auch als derselbe Luther das Papsttum eine *»Stiftung des Teufels«* nennt, reagiert Leo noch nicht und beschäftigt sich lieber mit Plänen für den Neubau des Petersdoms. Fast könnte man sagen: Er verschläft die **Reformation**. Er ist blind für die Gefahr. Er unterschätzt, welche Wut auf alles Römische sich mittlerweile in Europa angestaut hat.

Und während der größte Kirchenbau der Welt im Vatikan allmählich Gestalt annimmt, zerbricht endgültig die Einheit der Christenheit: Die Hälfte des Kontinents trennt sich von der katholischen Kirche, schließt sich Luther und anderen Reformatoren an und wird evangelisch.

Die Päpste haben versagt. Sie sind in der Vergangenheit alles Mögliche gewesen, Politiker, Juristen, Feldherren, Kunstliebhaber, Baumeister – und manchmal einfach nur vergnügungssüchtige Wüstlinge. Aber selten Diener der Diener Gottes. Selten Stellvertreter Christi. Sie haben die Erwartungen nicht erfüllt. Die Einheit der Kirche ist zerbrochen. Glaubenskriege brechen aus, Evangelische und Katholiken bekämpfen sich auf den Schlachtfeldern Europas, doch auch mit dem Schwert lässt sich der alte Zustand nicht wiederherstellen. Und nun kommt eine Zeit, in der man mit den Päpsten beinahe Mitleid haben muss.

»Nieder mit den Päpsten!«

Ende des 17. Jahrhunderts taucht in Westeuropa eine neue Weltanschauung auf, also eine weltliche Religion, die ohne Gott auskommt. Zum ersten Mal erhält das Christentum Konkurrenz. Erstmals kann man sich nun ein Leben ohne Glauben vorstellen. Diese Weltanschauung heißt **Aufklärung**, und sie ersetzt Gott durch die Vernunft. Erinnern wir uns: Wie alle Religionen denkt auch das Christentum skeptisch über den Menschen. Es misstraut seiner Vernünftigkeit, es hält den Menschen für ein verführbares Wesen und gibt ihm deshalb eine Anleitung zum richtigen Leben an die Hand.

Die Anhänger der Aufklärung aber wollen sich Vorschriften nicht mehr gefallen lassen. Sie sind überzeugt, dass jeder Mensch allein durch seine Vernunft erkennen kann, was wahr und richtig für ihn ist. Alles, was Macht über die Menschen hat, ist den Aufklärern deshalb zuwider – alle Könige natürlich, aber auch die Kirche.

Vor allem die Kirche. Die Aufklärer erklären Gott zu einem Hirngespinst und den Papst zu einem gefährlichen Betrüger. Und der französische Schriftsteller Denis Diderot geht in seinem Hass auf alles Christliche so weit, zu behaupten: *»Die Welt wird nicht eher glücklich, als bis der letzte König mit den Gedärmen des letzten Priesters erwürgt ist.«*

Das Ansehen der Päpste sinkt in dieser Zeit immer tiefer. In der Politik spielen sie keine Rolle mehr, sie werden kaum noch gefragt. Sie protestieren, bitten, flehen, doch kaum jemand nimmt sie noch ernst. Und im Jahr 1789 sieht es ganz so aus, als würde die gesamte katholische Kirche sang- und klanglos untergehen. Da bricht in Frankreich die große Revolution aus und die Franzosen verjagen alle Adligen, köpfen ihren König, schließen alle Klöster, treiben vierzigtausend Priester aus ihrem Land und erklären das Christentum kurzerhand für abgeschafft.

Jetzt ist auch der Papst in Gefahr. *»Es ist unser Wille, dass der Papst gänzlich untergehe und seine Religion mit ihm begraben werde«,* heißt es in Paris.

Und das ist keine leere Drohung. 1797 bricht der französische General Napoleon in den Kirchenstaat ein, zieht mit seiner Armee nach Rom und erscheint vor den Mauern des Vatikans, wo Papst Pius VI. (1775-1799) tapfer ausharrt, ein Greis von achtzig Jahren. Napoleon setzt ihn in eine gewöhnliche Postkutsche und verschleppt den kranken, alten Mann nach Frankreich, wo er bald darauf stirbt. Das war's. Das Papsttum ist vernichtet und in ganz Frankreich werden Leichenreden auf die Kirche gehalten.

War's das?

Keineswegs. Die Erfahrungen, die man mit der Französischen Revolution gemacht hat, stimmen viele Europäer nachdenklich. Denn diese Revolution war keine Werbung für die Vernunft. Gewalt und Gemeinheit, Terror und Brutalität hatten in den Jahren der Revolution ein solches

Ausmaß angenommen, dass mancher sich nun fragt, ob die Aufklärer mit ihrem Vernunftglauben nicht unrecht haben. So weit scheint es mit der Vernünftigkeit des Menschen doch nicht her zu sein! Selbst Napoleon, der mittlerweile vom General zum Kaiser von Frankreich aufgestiegen ist, muss zugeben: Die katholische Religion ist der einzige Anker, der in den Stürmen der Zeit Halt bietet.

Und mit einem Mal denkt man über die Kirche wieder ganz anders. Sehr viel freundlicher. Sind es nicht die Päpste gewesen, die Europa seine einzigartige Kultur beschert haben? Wird der Mensch ohne Gott nicht tatsächlich zur Bestie? Hat sich der Glaube nicht tausendachthundert Jahre lang bewährt, während die Vernunft gleich bei ihrem ersten Auftritt auf der Weltbühne versagt hat?

»Es lebe der Papst!«

Das Papsttum feiert jedenfalls ein glänzendes Comeback. Schon ein Jahr nach dem Tod des letzten Papstes zieht der nächste unter dem Jubel der Bevölkerung in Rom ein, Pius VII. (1800-1823), ein ehemaliger Mönch. Und den Kirchenstaat, den Napoleon aufgelöst hatte, erhält der Papst ebenfalls zurück – ein Gebiet so groß, dass es immerhin ganz Mittelitalien umfasst.

Doch wie es in der Geschichte der Päpste bisher immer war: Nach einem verheißungsvollen Auftakt kommt bald der Niedergang. Die nun folgenden Päpste sperren sich nämlich gegen alles, was die moderne Welt des 19. Jahrhunderts an Fortschritt mit sich bringt, haben aber selbst keine Ideen zu bieten, für die sich die Bürger Europas stattdessen begeistern könnten. Die Päpste begnügen sich damit, alles als Irrtum zu verdammen, was nicht in ihr verstaubtes Weltbild passt, und jeden Fortschritt von ihrem Kirchenstaat fernzuhalten. Überall in Europa fahren mittlerweile Eisenbahnen, werden die Nächte von Gaslaternen erhellt, nur im Land der Päpste nicht. Selbst eiserne Brücken sind im Kirchenstaat verboten, und wer am Freitag Fleisch statt Fisch isst, wird mit Gefängnis bestraft. Kurzum, hier herrschen mittelalterliche Zustände.

Es ist sicherlich ein Fehler, sich wie die Päpste der Renaissance einfach an seine Zeit anzupassen und jede Mode mitzumachen. Aber es ist zweifellos genauso falsch, einfach gegen alles zu sein, was eine neue Zeit mit sich bringt. Im Jahr 1870 erhält Papst Pius IX. (1846-1878) die Quittung für seinen Starrsinn: Italienische Truppen erobern den Kirchenstaat und besetzen Rom. Damit verschwindet der Kirchenstaat ein für alle Mal von der Landkarte und die Stadt der Päpste verwandelt sich in die Hauptstadt Italiens.

Pius IX. muss alledem machtlos zusehen. Niemand kommt ihm zu Hilfe. Da zieht er sich beleidigt hinter die dicken, hohen Mauern des Vatikans zurück und beschließt, ihn aus Protest nie mehr zu verlassen. Rom soll für ihn nicht mehr existieren. Bis 1929 werden alle Päpste seinem Beispiel folgen und sich in ihrem kleinen Reich einschließen, als »freiwillige Gefangene« des Vatikans. Erst in jenem Jahr schließt der Vatikan mit dem italienischen Staat Frieden; damit endet der kalte Krieg zwischen den Päpsten und Italien.

Und nun geschieht ein kleines – oder eigentlich großes – Wunder: Ihre politische Macht haben die Päpste verloren, aber allmählich, ganz allmählich werden sie zu einer moralischen Macht, also zu dem, was sie ursprünglich einmal waren und immer hätten sein sollen.

Papst Leo XIII. (1878-1903) zum Beispiel, ein kleiner, zerbrechlich wirkender Mann, ist wirklich sympathisch. Er spricht erstmals nicht mehr in gewohnt abfälliger Form von Heiden, Ungläubigen und Ketzern, tut viel für die Wiederherstellung der Mönchsorden, die nach der Französischen Revolution in vielen Ländern Europas aufgelöst worden waren, und versucht, Anschluss an die moderne Zeit zu gewinnen.

Papst Johannes XXIII. (1958-1963), ein Bauernsohn von vertrauenerweckender Leibesfülle, stellt sich auf dem Heiligen Stuhl als humorvoller, gütiger, herzlicher und ganz unkonventioneller Mensch heraus. Er ist der erste Papst, der keine Bannflüche und keine Verurteilungen mehr ausspricht; der erste Papst, der wieder größere Reisen unternimmt; der erste auch, der seine Bischofskollegen wie Brüder und nicht wie Befehlsempfänger behandelt.

Papst Johannes Paul II. (1978-2005), von dem schon mehrmals die Rede war, wird geradezu stürmisch gefeiert, wo immer er auftaucht. Und auch unser deutscher Papst Benedikt XVI. hat durch seine kluge, zurückhaltend-freundliche Art ebenfalls in kurzer Zeit die Herzen der Menschen erobert.

Mit anderen Worten: In den letzten hundertzwanzig Jahren haben die Päpste das Vertrauen zurückgewonnen, das ihre Vorgänger verspielt hatten. Hättest du das für möglich gehalten, nach alledem? Offenbar steckt in dieser uralten Einrichtung des Papsttums doch immer noch so viel Kraft und Vitalität, dass es sich von den schlimmsten Verirrungen wieder erholen kann.

6. Eine Ehrenrettung

Könnte es sein, dass du nach unserem Blick auf die Geschichte der Päpste jetzt doch nicht mehr unbedingt Papst werden willst? Vielleicht ist dir dieser Beruf nun doch nicht mehr geheuer, und die wenigen guten Päpste versöhnen dich nicht mit dem, was die anderen angestellt oder verbrochen haben. Tatsächlich sieht unsere kurze Bilanz ja ziemlich düster aus. Allerdings – man könnte auch eine ganz andere, ebenso wahrheitsgetreue Bilanz aufmachen. Versuchen wir also eine Ehrenrettung der Päpste. Denn in vieler Hinsicht waren sie doch großartige Vorbilder und oft waren sie so etwas wie das Gewissen Europas.

Zunächst einmal: Viele der besten Päpste waren Mönche – wir sagten es schon. Der Grund dafür ist wahrscheinlich der, dass Mönche Meister der Selbstdisziplin und der Selbstüberwindung sind. Wer in einem Kloster lebt, hat andere Interessen als Leute, die in der Welt der Städte und Fürstenhöfe täglich Ehrgeiz, Verschwendung, Genusssucht, auftrumpfendes Gehabe und die üblichen politischen Machtspiele erleben.

Klöster sind Orte der Gottsuche. Und jeder, der als Mönch in ein Kloster eintritt, muss drei Gelübde ablegen, die zeitlebens für ihn gelten: das Armutsgelübde, das Keuschheitsgelübde und das Gehorsamsgelübde. Das heißt, Mönche lernen zu verzichten. Sie verzichten auf eigenen Besitz, sie verzichten auf Frauen und Sex, sie verzichten auch darauf, ihren Willen unter allen Umständen durchzusetzen. Sie verzichten mit anderen Worten auf all das, woran normalen Menschen am meisten liegt, und sind daher geübt darin, Versuchungen zu widerstehen. Denn das ist der Sinn der **Mönchsgelübde**: zu einer inneren Freiheit und geistigen Unabhängigkeit zu gelangen, die wertvoller ist als alles, was lediglich Spaß macht.

Im Lauf der Jahrhunderte haben sich viele verschiedene **Mönchsorden** gebildet. Die Benediktiner waren die Ersten, und dann sind immer neue hinzugekommen, die Zisterzienser, die Franziskaner und die Dominikaner, um nur die größten und wichtigsten zu nennen. Eins haben sie alle gemeinsam: Sie übernehmen genau diejenigen Aufgaben, die von der Kirche vernachlässigt werden, die zu kurz kommen, weil Päpste und Priester gerade mal wieder anderes im Sinn haben, als die Welt durch das eigene Vorbild zu verändern. Davon abgesehen aber verfolgt jeder Orden seinen eigenen, ganz besonderen Zweck.

Die **Benediktiner** mit ihren Schulen, Krankenhäusern und Bibliotheken sind sozusagen die Alleskönner unter den Mönchen – ihre Schreibstuben nicht zu vergessen, wo das ganze Mittelalter über Bücher abgeschrieben werden, und zwar nicht nur Bibeln, auch wissenschaftliche Werke.

Die **Zisterzienser** sind strenger, bescheidener und womöglich noch fleißiger als die Benediktiner und betreiben sehr erfolgreich Landwirtschaft.

Die **Franziskaner** nehmen die freiwillige Armut ernster als alle anderen. Sie arbeiten nicht für Geld, leben vom Betteln und kümmern sich um die große Masse der Verlierer, die sich selbst nicht mehr zu helfen wissen, die alles verloren haben.

Und die **Dominikaner** sehen ihre Hauptaufgabe darin, zu predigen, also wie Jesus Christus umherzuziehen und das Wort Gottes zu verkünden. Viele unterrichten auch als Professoren an den Universitäten, die im späten Mittelalter überall in Europa entstehen.

Kurzum: Alle diese Ordensleute sind es gewöhnt, den Menschen zu dienen, und fallen dann auch als Päpste oft aus dem üblichen Rahmen, durch ihren Ernst und ihr Verantwortungsbewusstsein.

Das beste Beispiel für einen Mönch auf dem Heiligen Stuhl ist natürlich Gregor I., der Mann, der die Römer in den finsteren Zeiten des Niedergangs ihrer Stadt mit Lebensmitteln versorgte und die ersten Missionare nach England schickte – er wurde im 4. Kapitel schon erwähnt.

Ein anderes Beispiel ist Pius V. (1566-1572), ein frommer, ernster Dominikaner mit langem, schneeweißem Bart, der bei Prozessionen barfuß durch den Schlamm oder den Staub der römischen Straßen lief. Bei ihm gab es keine Verschwendung. Er war geradlinig und Respekt einflößend und das Volk von Rom war hingerissen von ihm.

Durch diesen Pius übrigens wurde **Weiß** zur Farbe des Papstes. Bis dahin hatten sich alle Päpste möglichst prächtig und bunt wie die Paradiesvögel gekleidet. Pius V. aber trug als Papst einfach die schlichte, weiße Mönchskutte weiter, die das Erkennungszeichen des Dominikanerordens ist, und alle späteren Päpste sind bei Weiß geblieben – auch wenn ihre Gewänder längst aus viel kostbareren Stoffen gemacht werden als die Kutten der Dominikaner.

Und schließlich Pius VII. (1800-1823), ein Benediktinermönch. Er trat sein Amt an, als alle Welt nach der Französischen Revolution das Ende der Kirche gekommen sah, und weckte in ganz Europa neue Sympathien für das Papsttum. Pius VII. ertrug alle Demütigungen und Schikanen des französischen Kaisers Napoleon mit der Geduld und Selbstbeherrschung der Mönche, und jeder spürte: Dieser Papst braucht gar keine politische Macht auszuüben – allein seine Unbeirrbarkeit macht ihn stark.

Die Päpste – das Gewissen Europas

Doch von den Mönchen einmal abgesehen – selbst weniger vorbildliche oder gar durch und durch verdorbene Päpste haben hohes moralisches Ansehen genossen, und ihre Entscheidungen in Streitfragen wurden auch von den mächtigsten Herrschern Europas oftmals akzeptiert. Denn lange Zeit stellten die Päpste so etwas wie das höchste europäische Gericht dar, ähnlich dem Internationalen Gerichtshof in Den Haag, vor dem sich in unseren Tagen Politiker oder Generäle aus aller Welt wegen Völkermords verantworten müssen.

Päpste haben Einspruch erhoben, wenn kleine und große Fürsten ihre Ehefrauen leid waren und sie ins Kloster abschieben oder einfach wieder zu ihren Eltern zurückschicken wollten – und waren mit ihren Protesten in vielen Fällen erfolgreich.

Päpste haben auch schwere Verbrechen von Herrschern angeprangert und manchmal sogar erreicht, dass die Schuldigen öffentlich Buße taten. Um nur ein Beispiel zu nennen: Im Jahr 1170 wurde der englische Erzbischof Thomas Becket in seiner Kathedrale von Rittern erschlagen. Ein grausiges Verbrechen – ganz Europa war entsetzt, man sprach von der schwersten Untat seit der Kreuzigung Jesu Christi. Der englische König Heinrich II. hatte diesen Mord zwar nicht befohlen, aber er hatte unüberhörbar gewünscht, diesen Becket ein für alle Mal los zu sein. Jetzt stand er als Anstifter da, und Papst Alexander III. (1159-1181) verlangte von ihm, Buße zu tun.

Heinrich gehorchte. In aller Öffentlichkeit und vor großem Publikum legte er seine Kleider ab, kniete auf den Stufen einer Kirche nieder und ließ sich von Mönchen den nackten Rücken blutig peitschen. Wer hätte von einem König ein solches Zeichen der Reue verlangen dürfen, wer außer dem Papst?

Und manchmal haben Päpste das Unmögliche versucht, um Menschenleben zu retten. Sie haben im Mittelalter die Armbrust als unmenschliche Waffe geächtet – und den Siegeszug der Armbrust damit nicht aufhalten können; die unmenschlichsten Waffen sind nun einmal die beliebtesten. Sie haben Ritterturniere und Stierkämpfe verboten – und damit nichts an der Popularität solcher Kampfspiele ändern können. Sie haben in Kriegszeiten zwischen den verfeindeten Ländern vermittelt, sich um Frieden bemüht – und das Blutvergießen in den seltensten Fällen verhindern können.

Papst Benedikt XV. (1914-1922) beispielsweise trat sein Amt im selben Jahr an, in dem der Erste Weltkrieg ausbrach. Fortan rief er alle Kriegsparteien in zahllosen Ansprachen zum Frieden auf, warnte vor einem Selbstmord der europäischen Völker, schickte seine Diplomaten zu Verhandlungen mit den Regierungen aus und legte schließlich einen eigenen

Friedensplan vor, stieß aber nur auf taube Ohren. Der Hass war zu groß. Als der Erste Weltkrieg 1918 endete, waren zehn Millionen Soldaten gefallen. Die Zahl der Verwundeten belief sich auf zwanzig Millionen.

In die allergrößte Not geriet Papst Pius XII. (1939-1958). Kaum war er gewählt, begann der Zweite Weltkrieg, und der Papst konnte nur ohnmächtig zuschauen, wie die deutschen Armeen ein europäisches Land nach dem anderen eroberten. Den überfallenen Völkern konnte er nicht helfen, aber vielleicht den bedrohten Juden. Adolf Hitler und die Nationalsozialisten hatten den Plan gefasst, alle Juden zu ermorden, auch in den eroberten Ländern, und nun bemühte sich der Papst, wenigstens einige der Verfolgten zu retten. Kirchliche Stellen verhalfen Juden zur Flucht. Der Papst selbst verhinderte durch Verhandlungen mit den Deutschen, dass die römischen Juden in ein Konzentrationslager verschleppt wurden. Und er sorgte dafür, dass sich verfolgte Juden im Vatikan und in den Klöstern rings um Rom in Sicherheit bringen konnten. Mehr als sechstausend römischen Juden dürfte er auf diese Weise das Leben gerettet haben.

Die Päpste – Retter in der Not

Das Erstaunlichste ist vielleicht: Die moralische Autorität der Päpste war lange Zeit so groß, dass selbst völlig unmoralische Päpste in heiklen Fragen um Entscheidungen gebeten wurden – Entscheidungen, die die große Politik betrafen. Papst Alexander VI. zum Beispiel, der uns als der schlimmste aller Päpste bereits im letzten Kapitel begegnet ist, war nach der Entdeckung Amerikas als Schiedsrichter zwischen Spanien und Portugal gefragt. Beide Staaten beanspruchten Südamerika für sich und Alexander VI. sollte nun für Frieden sorgen und die Neue Welt gerecht zwischen ihnen aufteilen. Er tat das mit einem Federstrich von Norden nach Süden über die Landkarte, und bis heute ist es bei seiner Entscheidung geblieben. Seither wird im Westen Südamerikas Spanisch, im Osten Portugiesisch gesprochen.

Noch viel schwieriger war das Problem, das sich den Europäern Ende des 16. Jahrhunderts stellte: Ihr Kalender stimmte nicht mehr. Er war im Lauf der Jahrhunderte aus dem natürlichen Takt geraten. Er hinkte der tatsächlichen Zeit um zehn Tage hinterher. Dies war nun wirklich ein Dilemma, das alle betraf, alle Völker, alle Staaten. Doch wer hatte die Autorität, in die Zeitrechnung einzugreifen? Und wem war eine Korrektur zuzutrauen, die dann auch von allen akzeptiert würde? Niemand anderer als der Papst kam für diese Aufgabe in Frage.

Die Astronomen von Gregor XIII. (1572-1585) machten sich also ans Werk, studierten die Planetenbewegungen, legten Tabellen an, berechneten den Ablauf des Jahres mit nie dagewesener Präzision und 1582 trat der neue Kalender in allen katholischen Ländern in Kraft. Die evangelischen Länder sträubten sich zunächst dagegen, übernahmen die päpstliche Zeitrechnung aber mit über hundertjähriger Verspätung doch. Und dieser sogenannte **gregorianische Kalender** war ein solches Wunderwerk an Genauigkeit, dass er nie wieder korrigiert werden musste und heute noch unverändert in Gebrauch ist.

Eine einheitliche Regelung für ganz Europa – so etwas brachte nur ein Papst zustande. Und so gesehen war das Papsttum beinahe der Vorläufer der Europäischen Union.

Wahr ist: Weder Kaiser noch Könige, weder Präsidenten noch Parlamente haben die kulturelle und geistige Entwicklung Europas so vorangetrieben wie die Päpste. Am päpstlichen Hof wurde im Mittelalter die hohe Staatskunst der **Diplomatie** erfunden, also die Kunst, durch geschicktes Verhandeln in der Politik mehr zu erreichen als durch rohe Gewalt. Außerdem haben Päpste die Musik, die Malerei, die Architektur und auch die Naturwissenschaft wie niemand sonst gefördert – und auch auf diesen Gebieten haben die weltlichen Herrscher Europas sie zum Vorbild genommen. Das europäische Kulturerbe wäre um vieles ärmer, wenn es die Päpste nicht gegeben hätte.

Einer muss zum Schluss dieses Kapitels noch unbedingt erwähnt werden: **Hadrian VI.** (1522-1523), der einen Ehrenplatz unter den Päpsten verdient. Er war der letzte deutsche Papst vor Benedikt XVI. und der Erste, der frei über die Sünden der Kirche zu sprechen wagte. Es war ja schon ungewöhnlich genug, dass Hadrian in dieser Zeit der verschwenderischen, luxusverliebten Päpste ein einfaches Leben führte, ja geradezu sparsam mit Geld umging. Aber er war nicht nur bescheiden, er hatte menschliche Größe. Er war ehrlich genug, die Verdorbenheit der Kirchenführung offen zu bekennen, und anständig genug, sich für die Verfehlungen der Kirche öffentlich zu entschuldigen. Zum Un-

glück der Christenheit starb dieser Papst, schon ein Jahr nachdem er den Heiligen Stuhl bestiegen hatte. Erst in moderner Zeit hat ein Papst erneut den Mut aufgebracht, für seine Kirche ein Schuldbekenntnis abzulegen. Es war Paul VI. (1963-1978).

Dies also ist die andere Bilanz. Und man kann wohl sagen: Der Eindruck, die Päpste hätten ihre Macht stets nur selbstsüchtig missbraucht, täuscht. Wahr ist vielmehr, dass sie über lange Zeit die maßgebliche moralische Autorität Europas darstellten. Wahr ist, dass sie die Kultur Europas entscheidend geprägt haben. Wahr ist aber auch, dass es viele schwarze Schafe unter ihnen gab.

7. Die ersten Schritte als Papst

Wenn du dir jetzt doch wieder vorstellen könntest, Papst zu werden, fragst du dich wahrscheinlich: Was hat ein Papst eigentlich zu tun? Wie regiert man überhaupt eine Kirche? Was konkret käme also auf dich zu? Das wäre ja gut zu wissen, wenn der Vatikan für dich nach wie vor als Lebensziel infrage kommt.

So viel vorweg: Es ist kein gemütlicher Beruf. Papst zu sein ist ein aufreibender Job. Eigentlich kaum zu schaffen. Alle Welt will einen sehen, alle Welt will einen sprechen, dazu die täglich anfallende Arbeit, die Verantwortung für eine Milliarde Menschen, kurzum: Das Pensum ist enorm, der Zeitdruck wahnsinnig, der Terminplan zum Platzen gefüllt.

Selbst der Vorsitzende der deutschen Bischöfe müsste einen Monat oder länger warten, bevor er einen Gesprächstermin beim Papst bekäme, egal wie dringend sein Anliegen ist – und der Vorsitzende der deutschen Bischöfe ist einer der wichtigsten Kirchenmänner überhaupt.

Pater von Gemmingen, Chefredakteur bei *Radio Vatikan*, hat ähnliche Erfahrungen gemacht. *»Joseph Ratzinger kennt mich persönlich «*, berichtet er. *» Wir sind uns vor vierzig Jahren zum ersten Mal begegnet. Aber seitdem er Papst ist, haben wir kein persönliches Wort mehr gewechselt. Ich habe in dieser Zeit zwei Interviews mit ihm geführt und beide Male war er gleich nach seiner letzten Antwort verschwunden. Es bleibt eben keine Zeit mehr für private Bemerkungen. «*

Wer dieses Leben aushalten will, der muss seelisch ziemlich stabil sein – so viel lässt sich jetzt schon sagen. Am besten gehen wir der Reihe nach vor. Beginnen wir mit den ersten Schritten eines Menschen, der gerade Papst geworden ist. Was macht ein frisch gewählter Papst also als Erstes?

Er sucht sich einen neuen Namen aus. Einen **Papstnamen.** Den sollte er sich rechtzeitig überlegt haben, denn den muss er in der Sixtinischen Kapelle schon auf der Zunge haben. Nach seinem Papstnamen wird er gefragt, noch bevor er sich zum Kleiderwechseln in den Tränensaal begibt. Seit Langem ist es die Regel, dass einer, der Papst wird, seinen Namen wechselt, aber in der Anfangszeit war es nicht so. Die Päpste der ersten Jahrhunderte behielten ihre bürgerlichen Namen bei – Petrus blieb Petrus, Linus blieb Linus und Telesphorus blieb Telesphorus.

Papst Johannes II. war dann 533 der Erste, der seinen alten Namen Mercurius ablegte, weil er zu heidnisch klang – ein Papst mit dem Namen des römischen Gottes Merkur, das ging einfach nicht, das war wirklich unpassend. Ab dem 10. Jahrhundert machten es dann alle so. Vielleicht weil ein klassischer Papstname mit der Zählung dahinter irgendwie majestätisch wirkt. Aber sicher auch, weil für jeden Papst ein völlig neues Leben beginnt und nicht einmal der Name an sein altes Leben erinnern soll.

Selbstverständlich wählen alle Päpste ihren neuen Namen mit Bedacht. Meist entscheiden sie sich für den Namen desjenigen unter ihren Vorgängern, den sie sich zum Vorbild nehmen wollen. Als Kardinal Ratzinger sich in Benedikt XVI. umbenannte, dachte er dabei an Benedikt XV. und dessen unermüdlichen Einsatz für den Frieden während des Ersten Weltkriegs. Er wollte damit aber auch seine Verehrung für **Benedikt von Nursia** ausdrücken, der um 500 den ersten europäischen Mönchsorden gegründet hat, eben die Benediktiner. Und sicher hatte sich Kardinal Ratzinger in weiser Voraussicht schon lange vor seiner Wahl Gedanken darüber gemacht, wie er als Papst heißen möchte.

Für den Fall, dass du eines Tages tatsächlich in dieselbe Situation kommen solltest, hier eine Liste der beliebtesten Papstnamen aller Zeiten: Ganz obenan steht Johannes (23-mal), der Name desjenigen Jüngers, mit dem Jesus genauso gut befreundet war wie mit Petrus. Dann kommen mit einigem Abstand Benedikt (»der Gesegnete«, 16-mal) und Gregor (»der Wachsame«, ebenfalls 16-mal). Als Nächstes folgen Clemens (»der Milde«, 14-mal), danach Innozenz (»der Unschuldige«, 13-mal) und Leo (»der Löwe«, ebenfalls 13-mal). Im Mittelfeld liegen Pius (»der Fromme«, 12-mal) und Bonifaz (»der Wohltäter«, 9-mal). Petrus kommt in dieser Liste erstaunlicherweise nur ein einziges Mal vor. Aber so tollkühn, sich mit dem allerersten Bischof von Rom vergleichen zu wollen, war dann wohl doch nie ein Papst.

Über die vermutliche Dauer deiner **Amtszeit** lässt sich nur so viel sagen: zwischen einem Tag und zweiunddreißig Jahren wahrscheinlich. Beides ist jedenfalls schon vorgekommen. Papst Stephan II. starb im Jahr 752 einen Tag nach seiner Wahl an einem Schlaganfall; er hatte damit die kürzeste Amtszeit aller Päpste. Pius IX. (1846-1878) war zweiunddreißig Jahre im Amt und regierte damit länger als jeder ande-re Papst bisher. Aber vorhersehen lässt sich das natürlich nicht.

Fest steht hingegen, wie alle Welt dich anzureden hätte, nämlich mit »Heiliger Vater« oder »Eure Heiligkeit«. Dies ist der höchste Titel, den die katholische Kirche zu vergeben hat, und wirklich jeder muss sich daran halten. Doch was für alle Welt selbstverständlich ist, kann die ehemaligen Bischofskollegen eines Papstes in Verlegenheit bringen. Die deutschen Bischöfe zum Beispiel – zu denen Kardinal Ratzinger früher auch gehörte –, duzen einander üblicherweise. Aber durften sie jetzt, nach seiner Wahl zum Papst, im Gespräch mit ihm bei dem gewohnten Du bleiben?

»Ja, Heiliger Vater, was sage ich denn nun?«, hat Kardinal Lehmann beim ersten Treffen mit Benedikt XVI. irritiert gefragt. »Bleib halt beim Du«, hat der Papst damals geantwortet, »sag einfach: Du, Heiliger Va-ter.« Eine solche Vertraulichkeit ist natürlich nur ehemaligen Amtsbrü-dern und niemandem sonst gestattet.

Die Kleider der Kirche – eine Wissenschaft für sich

So, der neue Name steht nun fest, die **Anrede** ist geklärt, jetzt geht es als Nächstes zum Kleidertausch in den Tränensaal. Dort warten die weißen **Papstgewänder** auf den neuen Papst, und zwar in dreifacher Ausfertigung: klein, mittel und groß. Es handelt sich dabei natürlich um eine provisorische Garderobe, gerade gut genug, um sich darin der war-tenden Menschenmenge auf dem Petersplatz ein erstes Mal zu zeigen.

Bald darauf wird dann Signor Gamarelli im Vatikan auftauchen, der Schneider des Papstes. Seine Familie arbeitet seit Generationen für die höchsten Ränge der Kirche, und zwar in einem Atelier in der römischen Innenstadt, wo alles in Handarbeit gefertigt und selbstverständlich maßgeschneidert wird. Dieser Signor Gamarelli wird dafür Sorge tra-gen, dass ein Papst in kürzester Zeit seine Konfektionskleider gegen Gewänder tauschen kann, die wirklich tadellos sitzen.

Auch für die roten Schuhe eines Papstes gibt es einen Spezialisten, einen Hoflieferanten sozusagen – es ist die Firma Stefanelli in Nordita-lien. Für den Papst nur das Beste vom Besten – das hat Tradition, das ist auch heute noch so, und wenn sich Benedikt XVI. mit einem Hut in der Öffentlichkeit zeigen möchte, wie er vor fünfhundert Jahren in der Renaissance Mode war, also flach, feuerrot, kreisrund und breitkrempig, dann findet sich natürlich eine Werkstatt, die ihm auch diesen Wunsch erfüllt.

Kleidung spielt im Vatikan überhaupt eine enorme Rolle und die Garderobe der Kirchenmänner ist eine Wissenschaft für sich. Wer darf Rot tragen, wer Violett, wer muss sich mit schlichtem Schwarz begnügen? Nichts ist dem Zufall überlassen, alles ist vorgeschrieben – die Alltagskleidung, die während der Dienstzeit in den vatikanischen Büros getragen wird, genauso wie die prachtvollen Messgewänder, die bei einer feierlichen Papstmesse im Petersdom zum Einsatz kommen. Denn zum einen zeigen die Farben an, auf welcher Stufe der kirchlichen Rangordnung einer steht, ob er Priester, Bischof, Erzbischof oder Kardinal ist. Und zum anderen hat jedes Teil der Kleidung eine tiefere, eine symbolische Bedeutung.

Die dreiunddreißig Knöpfe, die die Soutane eines Papstes vorn zusammenhalten, stehen beispielsweise für die dreiunddreißig Lebensjahre Jesu Christi. Und das Pallium, eine Art Schal aus feinster Lammwolle, symbolisiert das verlorene Schaf, das der gute Hirte in der Bibel rettet und auf seinen Schultern nach Hause trägt. Manche Leute vermuten daher, dass an keinem anderen Ort der Welt so genau aufs Outfit geachtet wird wie im Vatikan und dass es nirgendwo so viele modebewusste Männer gibt wie in der katholischen Kirche.

Solltest du einmal unsicher sein, welche Farbe zu welchem Anlass gehört – das lässt sich nachlesen: in einem dicken Buch mit Kleidervorschriften, wo bis zum rubinroten Knopflochbesatz alles bis ins Kleinste geregelt wird.

Benedikt hat übrigens, soviel man weiß, seit seiner Wahl zum Papst nie wieder Zivil getragen. Selbst während seiner Sommerferien in den Tiroler Bergen zeigt er sich ausschließlich im weißen Gewand der Päpste. Sein Vorgänger Johannes Paul II. war in diesem Punkt weniger konsequent, der zog auf Wanderungen auch gern mal Hose und Pullover an.

Mit allen Gewändern, Umhängen, Schärpen, Käppchen oder Hüten wäre ein Papst allerdings immer noch nicht fertig ausstaffiert – es fehlen ihm nämlich noch die **Insignien**, die Hoheitszeichen, die Symbole seiner Macht. Das Brustkreuz zum Beispiel, das er an einer Kette um den Hals trägt. Und der Hirtenstab mit dem Kruzifix am oberen Ende, der ihn als guten Hirten seiner großen Herde von Gläubigen ausweist. Und der Fischerring aus purem Gold, den er stets am Ringfinger der linken Hand zu tragen hat. Dieser Ring zeigt Petrus mit dem Fischernetz und am Rand den Namen seines Trägers. Er wird eigens für jeden Papst neu angefertigt und nach dessen Tod mit einem Hammer zerschlagen. Auch das ist Vorschrift.

Die Kunst des Imponierens

Und noch etwas sollte sich ein Papst überlegen, bevor er an die Arbeit geht: In welcher Person wird er künftig von sich selbst reden? In der ersten Person Singular oder der ersten Person Plural? Früher haben sich alle Päpste des königlichen »Wir« bedient, wenn sie von sich redeten. Johannes Paul I. (1978) trat bescheidener auf und sagte »Ich«, wie jeder Mensch. Johannes Paul II. blieb dabei, doch Benedikt XVI. ist zum königlichen Plural zurückgekehrt.

Es ist eben immer die Frage, wodurch man seine Autorität betont, wie man den Abstand sichtbar oder hörbar macht, der einen Papst vom Rest der Menschheit trennt. Wir Normalsterblichen wünschen uns durchaus, dass besondere Menschen auch etwas Besonderes an sich haben. Die Kunst des Imponierens gehört dazu, und wir würden es einem Papst außerordentlich verübeln, wenn er so wie unser Nachbar von nebenan sprechen und auftreten würde.

Ein Meister in dieser Kunst war Pius XII. (1939-1957). Der Außenminister von Rumänien, der ihn 1939 im Vatikan besuchte, sprach hinterher begeistert von der *»blendendweißen Erscheinung des Papstes«*, dessen Persönlichkeit *»eine Ausstrahlung von Intelligenz und Licht«* umgeben habe. Pius sei ein majestätischer Anblick von vollkommener Schönheit gewesen. Fast könnte man meinen, der Außenminister habe ein überirdisches Wesen gesehen, so überschwänglich ist seine Beschreibung. Offenbar verstand es dieser Papst, allein durch sein Auftreten schon den Unterschied zwischen den beiden Welten sichtbar zu machen – der gewöhnlichen Welt der Politik und der höheren, geistigen Welt der Kirche und der Päpste.

Ein Papst, der »Wir« sagt, wenn er sich selbst meint, macht damit jedenfalls deutlich: Jetzt spricht nicht der Mensch Joseph Ratzinger, jetzt spricht der Stellvertreter Christi, Benedikt XVI., der Nachfolger des Petrus. Das ist ein Unterschied. Allerdings – auch ein Stellvertreter Christi ist von Zeit zu Zeit ein Mensch wie du und ich. Er muss essen, trinken und auf Reisen die Hotelrechnung bezahlen. Wer also kommt für die teuren, roten Schuhe und für alles Übrige auf, was ein Papst zum Leben benötigt? Hat er Geld? Braucht er Geld? Ist er vielleicht reich?

Reich ist er nicht, aber in einer beneidenswerten Lage, denn er hat weder Geld noch Geldsorgen. Ein Papst besitzt kein Portemonnaie, und er braucht auch keins, weil der päpstliche Finanzhaushalt einen Posten für alles Nötige enthält, für Essen, Trinken, Bücher und Kleidung. Es mögen hunderttausend Euro sein, die ihm im Jahr zur Verfügung stehen. Wenn er alle drei Monate auf Weltreise gehen möchte, wie Johannes Paul II., dann zahlt ihm der Vatikan natürlich auch das, und wenn er für seine Studien fünfzig theologische Werke mehr braucht als ursprünglich geplant, wie es bei Benedikt XVI. vorkommt, dann findet sich dafür ebenfalls eine Lösung. Es wird also dafür gesorgt, dass ein Papst sich finanziell nicht beengt fühlt.

Wahr ist allerdings, dass Benedikt durch die zahlreichen Bücher, die er in früheren Jahren geschrieben hat, heute noch ziemlich viel Geld verdient. Aber er steckt dieses Geld nicht in die eigene Tasche. Das kommt wohltätigen Einrichtungen zugute, einem Waisenhaus etwa oder einer Aidsklinik in Afrika. Eigennützigkeit steht jedem Diener der Kirche schlecht an, erst recht einem Papst.

Und jetzt, nachdem dies alles geklärt ist, kann es losgehen.

8. Was es heißt, die Kirche zu regieren

Der neue Papst hat sich nun also mit den Verhältnissen im Vatikan vertraut gemacht, hat sich eingerichtet und mit allem Notwendigen ausgestattet. Dann wird er als Nächstes darangehen, seine Mitarbeiter kennenzulernen und sich einen Überblick über seine Arbeit zu verschaffen.

Dabei wäre es gut, wenn er von Anfang an nicht zu schüchtern aufträte. Er darf, ja er muss schon etwas von einem Draufgänger haben. Denn erstens ist sein Mitarbeiterstab, die sogenannte Kurie, ein eingespieltes Team, und es werden einige darunter sein, die sich von einem frisch gekürten Papst nur ungern reinreden lassen. Und zweitens würde er sich sein neues Amt sonst gar nicht zutrauen. Und damit kommen wir zu der Frage: Worin wird seine Arbeit bestehen? Was kommt jetzt auf ihn zu?

Zunächst einmal ist der Papst der Chef des Vatikanstaates, also das Staatsoberhaupt eines Landes im Kleinstadtformat. Regierungsarbeit fällt hier kaum an; eher sind Aufgaben zu erledigen, wie sie eben auch auf jeden anderen Bürgermeister einer Kleinstadt zukommen, und die überlässt der Papst weitgehend dem Gouverneur des Vatikanstaats. Dieser Gouverneur bezahlt die Wasser- und Stromrechnungen an die Stadt Rom – der Vatikan besitzt natürlich kein eigenes Kraftwerk – und genießt im Übrigen den Luxus eines palastartigen Amtssitzes, von dem alle anderen Kleinstadtbürgermeister dieser Welt nur träumen können. Die Pflichten eines weltlichen Staatsoberhauptes belasten den Papst also kaum.

Dennoch handelt der Papst wie ein Staatsoberhaupt. Allerdings wie ein Staatsoberhaupt ohne Staat, ohne klar umrissenes Territorium, ohne ein bestimmtes Staatsvolk. Die Bürger des päpstlichen Reichs nennen sich **Katholiken** und leben über alle Erdteile und Staaten dieser Welt verteilt. Das sieht im Einzelnen so aus: Die Hälfte aller Katholiken lebt in Amerika, hauptsächlich im Süden des Kontinents. In Europa gehört ein Viertel der Menschen zum päpstlichen Reich. In Afrika sind dreizehn Prozent der Bevölkerung katholisch und in Asien zehn Prozent. In Australien müsste man die Katholiken mit der Lupe suchen, denn dort machen sie nicht einmal ein Prozent der Einwohner aus. Mit mehr als einer Milliarde Menschen würde die katholische Kirche der Einwohnerzahl nach den zweitgrößten Staat der Welt bilden, gleich hinter China. Würde ... wenn sie ein Staat wäre.

Sie ist es nicht. Aber ihre Mitglieder sind Bürger ganz unterschiedlicher Staaten, und es kann dem Papst nicht gleichgültig sein, wie sie dort behandelt werden. In vielen Ländern gibt es keine Probleme; da sind Christen in der Mehrzahl und genießen alle Rechte, die die Verfassung eines Staates ihren Bürgern garantiert. In anderen Ländern jedoch sind Christen in der Minderheit und womöglich nicht gern gesehen. Es kommt vor, dass sie ihre Religion nicht frei ausüben dürfen, dass ihnen ihre Rechte als Staatsbürger verweigert werden, dass sie vielleicht sogar verfolgt und mit Gefängnis bedroht werden.

China ist ein solcher Fall. In diesem riesigen Land gab es bis 1950 starke christliche Gemeinden und etliche Mönchsorden leiteten hier Schulen und Krankenhäuser. Dann kamen in China die Kommunisten an die Macht und mit der Religionsfreiheit war es vorbei. Christliche Missionare wurden ermordet oder aus dem Land geworfen, chinesische Christen gefoltert und unterdrückt. Viele von ihnen gaben auf, nur die Mutigsten gingen in den Untergrund und versammelten sich weiterhin zum Gottesdienst, aber heimlich. Bis heute misstraut der chinesische Staat den Christen genauso, wie es der römische Staat in der Anfangszeit des Christentums tat. Er hält die Christen für Agenten einer fremden Macht, nämlich des Vatikans, kontrolliert sie scharf und duldet sie nur, wenn sie sich still und unauffällig verhalten.

Aus solchen und vielen anderen Gründen muss der Papst mit Regierungen in aller Welt verhandeln und dafür hat er seine Diplomaten. Genauso, wie viele Staaten ihre Botschafter beim Heiligen Stuhl haben, hat auch der Papst seine eigenen Botschafter in den Hauptstädten der meisten Staaten dieser Erde. Da es aber für fast alles im Vatikan einen besonderen, meist lateinischen Namen gibt, heißt solch ein päpstlicher Botschafter nicht Botschafter, sondern **Nuntius**. Ein Nuntius vertritt also den Standpunkt des Vatikans gegenüber der Regierung eines fremden Landes.

Weil dem Papst sehr viel an guten Beziehungen zu allen Staaten der Erde liegt, vertraut er diesen Aufgabenbereich einem seiner engsten und wichtigsten Mitarbeiter an, dem Kardinalstaatssekretär. Er ist es auch, der Staatsgäste des Vatikans in Empfang nimmt und den Papst auf Auslandsreisen begleitet. Kurzum: Der **Kardinalstaatssekretär** kennt sich in der Welt der großen Politik aus und für dich als Papst wäre er einer deiner wertvollsten Berater. Das letzte Wort bei allen politischen Entscheidungen hättest natürlich du.

Die Hauptaufgabe

Ein Papst macht also bis heute seinen Einfluss in der Politik geltend. Doch in erster Linie ist er der oberste **Glaubenshüter.** Das heißt, etwas respektlos gesagt: Er muss diesen ganzen, großen Laden, der sich katholische Kirche nennt, zusammenhalten. Er muss dafür sorgen, dass die Botschaft Jesu Christi überall auf der Welt unverfälscht verkündet wird. Er muss verhindern, dass sich der christliche Glaube mit

unchristlichen Vorstellungen und weltlichen Ideen vermischt und die Wahrheit der christlichen Lehre verwässert wird. Er muss ein Auge darauf haben, dass die Gottesdienste und die christlichen Feste in allen Ländern der Erde auf ähnliche Weise gefeiert werden. Er muss, kurz gesagt, darauf achten, dass die entscheidenden Gemeinsamkeiten aller katholischen Christen nicht in Vergessenheit geraten.

Das ist in der heutigen Zeit eine extrem schwierige Aufgabe. In unserer westlichen Welt zum Beispiel stößt der Papst dabei auf Widerstand, weil viele von uns meinen, ihre individuelle Freiheit gegen Papst und Kirche verteidigen zu müssen. Jede Vorschrift, jede Regel, jedes Gebot wird hier als Bevormundung verstanden und abgelehnt; selbst in Fragen des Glaubens wollen die Menschen selbst bestimmen. Gerade in Deutschland hat sich unter Katholiken eine starke Opposition gegen den Papst gebildet – da ist es schwer, den einzigartigen Charakter des Christentums zu verteidigen. Da besteht die Gefahr, dass die Kirche still und leise zerfällt.

Diesen trotzigen europäischen Individualismus kennt man in Afrika oder Asien nicht. Dafür tauchen dort andere Probleme auf. In Südostasien etwa, also in Vietnam oder Thailand, ist es ganz üblich, mehrere Religionen zu haben. Dort entscheiden sich die Menschen nicht für einen bestimmten Glauben, sondern probieren alle möglichen Religionen aus, machen mal bei den Buddhisten mit, besuchen bei nächster Gelegenheit einen christlichen Gottesdienst und opfern anschließend vielleicht noch ihren eigenen, alten Göttern – sicherheitshalber sozusagen.

Für Vietnamesen und Thailänder ist das normal, aber einen katholischen Priester kann man damit zur Verzweiflung bringen, denn für die Kirche gibt es nur einen wahren Gott und einen wahren Glauben.

Was tun? Wie soll der Papst reagieren? Soll er den südostasiatischen Katholiken ihren Glaubensmischmasch ausnahmsweise durchgehen lassen? Oder darf er keine Ausnahme dulden? Muss er darauf bestehen, dass sich jeder Christ auf den Glauben der Kirche festlegt, auch die vietnamesischen, auch die thailändischen Christen?

Oder nehmen wir Afrika. In Schwarzafrika geht es in den Gottesdiensten lebhafter und temperamentvoller her als in Europa oder

Amerika. Unsere Messen verlaufen ernst und feierlich, bei afrikanischen Messen aber wird womöglich getanzt und getrommelt, da hört man leidenschaftliche Predigten und Zwischenrufe aus der Gemeinde. Ist das noch katholisch? Werden so nicht die Grenzen zwischen dem Christentum und dem alten, afrikanischen Geisterglauben verwischt? Sollte der Gottesdienst nicht überall auf der Welt ähnlich gefeiert werden, weil auch die Form des Gottesdienstes die Kirche zusammenhält?

Und schließlich: Wie soll der Papst reagieren, wenn bekannte Theologen dazu aufrufen, etwas anderes zu glauben, als die Kirche lehrt? Wenn sie den Papst zum Beispiel keineswegs für unfehlbar halten, wie es die Kirche tut? Oder keineswegs davon überzeugt sind, dass die Gottesmutter Maria auch nach der Geburt ihres Sohnes Jesus noch Jungfrau war, wie es die Kirche tut?

Du siehst: Der Glaube ist ständig in Bewegung. Zahllose außereuropäische Kulturen wirken von allen Seiten auf ihn ein, abweichende theologische Meinungen stellen ihn laufend auf die Probe und stets aufs Neue muss sich ein Papst zwischen Widerstand und Anpassung, zwischen einem unerbittlichen Nein und einem vorsichtigen Ja entscheiden.

Er leitet eben eine Weltkirche und seine Verantwortung ist ins Unermessliche gewachsen. In der Anfangszeit des Christentums hieß es noch: In Alexandria und Athen sollen die Christen dasselbe glauben wie in Rom. Heute aber geht es darum, ob die (katholischen) Christen in Hongkong, in Rio de Janeiro und in New York auch wirklich dasselbe glauben wie in Rom.

Der Papst wäre natürlich heillos überfordert, wollte er allen Glaubensentwicklungen auf der Welt selbst nachspüren oder persönlich alle neuen theologischen Schriften auf verdächtige Stellen hin untersuchen. Er kann froh sein, wenn er einigermaßen den Überblick bewahrt – die mühsame Kleinarbeit erledigen andere für ihn. Man muss sich vorstellen, dass dem Papst im Vatikan ein regelrechter Regierungsapparat zur Verfügung steht, eine Vielzahl von Behörden und Arbeitsgruppen, die sich Kongregationen und Kommissionen und päpstliche Räte nennen, dazu nicht weniger als drei Gerichtshöfe.

Die Kongregationen sind Ministerien vergleichbar, nur dass sie ganz eigentümliche, eben typisch kirchliche Aufgaben haben: Die eine ist für Heiligsprechungen zuständig, die zweite für die Besetzung von Bischofsstühlen, die nächste für alles, was Leben und Arbeit der Mönche und Nonnen weltweit betrifft, wieder eine andere befasst sich mit der Gestaltung der Gottesdienste – und die wichtigste Kongregation überhaupt ist die, die sich mit Glaubensfragen beschäftigt. Heute heißt sie »**Kongregation für die Glaubenslehre**«, kurz »Glaubenskongregation«. Bis 1965 trug sie ihren alten Namen und nannte sich »Heilige Inquisition«.

Ein schauerlicher Name. Man denkt gleich an Verhöre bei Kerzenlicht, vermummte Richter, Folterungen und brennende Scheiterhaufen. Und es stimmt ja auch – die **Inquisition** hat sich ihren üblen Ruf durch gnadenlose Hexenjagden und Ketzerverfolgungen redlich verdient. Sie hat Menschen, die ein anderes Christentum praktizierten, als Feinde betrachtet und wie Feinde behandelt. Mit der Lehre Jesu verträgt sich das nicht.

Aber bedenken wir, bei aller berechtigten Empörung: Auch in den protestantischen Ländern loderten im 16. und 17. Jahrhundert die Scheiterhaufen, auch dort wurden sogenannte Hexen umgebracht. Und die weltlichen Behörden des Staates liehen ihre Henker und Folterknechte damals nur zu bereitwillig für die Vernichtung Andersdenkender aus.

Toleranz war in jenen Jahrhunderten nicht das oberste Gebot. Uns erscheint es heute menschlich, jedem seine Überzeugungen zu lassen – wir diskutieren schon gar nicht mehr darüber. Seinerzeit jedoch galt es als Gebot der Menschlichkeit, seinen Mitmenschen nicht die Sicherheit eines gemeinsamen Glaubens, einer gemeinsamen Wahrheit zu rauben. Wer das versuchte, ging ein hohes Risiko ein.

Längst gibt es keinen Glaubenszwang mehr und das Zeitalter der Staatsreligionen ist vorbei. Das ist ein Verdienst der Aufklärung im 18. Jahrhundert. Die Kirche aber könnte ohne den Glauben an eine einzige Wahrheit nicht bestehen, weshalb die Kongregation für die Glaubenslehre das Herzstück der päpstlichen Regierung bildet. Wahrscheinlich empfängt der Papst keinen anderen Mitarbeiter so häufig zu intensiven Gesprächen wie den Chef dieser Kongregation – einmal die Woche mindestens.

Um Ketzerverbrennungen geht es dabei natürlich nicht mehr. Die ehemalige Inquisition ist aber immer noch eine Art Radarstation, die aufmerksam registriert: Wo auf der Welt vermischt sich der christliche Glaube so stark mit anderen Geistesströmungen, dass er sich aufzulösen droht? Und welcher Theologe untergräbt mit seinen Deutungen der Bibel das Glaubensfundament der Kirche? Es kann dann durchaus sein, dass der Papst einschreitet und mal einen südamerikanischen Priester zum Schweigen verurteilt, mal einem deutschen Theologen verbietet, weiterhin im Auftrag der katholischen Kirche an Universitäten zu lehren.

Glaubensfragen sind nämlich nicht nur für den Zusammenhalt der Kirche von Bedeutung. Sie betreffen auch nicht nur das Seelenheil, also das ewige Leben. Im christlichen Glauben sind darüber hinaus Urwerte des Menschseins enthalten. Moralische Prinzipien, die die Grundlage einer menschenwürdigen Existenz bilden. Und das oberste Prinzip des Christentums ist die **Heiligkeit des Lebens**; das ist der Grund, weshalb sich der Papst zum Beispiel für den Schutz des ungeborenen Lebens im Mutterleib starkmacht und Abtreibung grundsätzlich als Mord verurteilt.

Als oberster Glaubenshüter sorgt der Papst also gleichzeitig dafür, dass in der ganzen, großen Weltkirche dieselben Vorstellungen von einem menschenwürdigen Leben herrschen und nirgendwo die moralischen Prinzipien infrage gestellt werden, auf denen dieses menschenwürdige Leben beruht.

Ein Papst ist kein Einzelkämpfer

So, das ist der eine große Aufgabenbereich, der wichtigste. Aber damit ist es noch lange nicht getan. Darüber hinaus ist der Papst dafür zuständig, dass die kirchliche Lehre den veränderten Zeitumständen angepasst wird. Er muss sich also immer wieder fragen: Was macht den Kern des Glaubens aus – und was ist bloß verstaubter Plunder, den die Kirche womöglich seit Jahrhunderten mit sich herumschleppt? Was sollten wir ändern, weil wir inzwischen klüger geworden sind? Es sind ja nicht alles ewige Wahrheiten, und was früher sinnvoll war, kann später zum Ballast werden, den man besser abwirft. Nur ein Beispiel: Müssen Priester wirklich unverheiratet sein? Petrus selbst war jedenfalls verheiratet.

Solltest du als Papst irgendwann nicht mehr weiterwissen, weil sich die Probleme häufen und einmal im großen Stil aufgeräumt werden müsste, holst du am besten die Meinung der ganzen Kirche ein und veranstaltest ein Konzil. Also eine Versammlung aller Bischöfe, Kardinäle und Ordensoberen der Welt.

Ein Konzil ist eine gewaltige Kraftanstrengung der Kirche und obendrein kostspielig und langwierig – das Konzil von Konstanz im 15. Jahrhundert hat drei Jahre gedauert, wie du dich vielleicht erinnerst, und das Zweite Vatikanische Konzil, das vorerst letzte, hat sich von 1962 bis 1965 hingezogen. Aber wenn du den Eindruck hast, dass es im alten Trott nicht weitergeht, dass der Kirche ein neuer Aufbruch guttäte, dann gibt es nichts Besseres als ein Konzil.

In jedem Fall muss ein Papst ständig im engsten Kontakt mit der ganzen Kirche bleiben. Er entscheidet ja nie selbstherrlich. Er darf nie glauben, einen besseren Draht zu Gott zu haben als alle anderen, und niemals etwas als Wahrheit verkünden, das ihm morgens zwischen fünf und sechs in den Sinn gekommen ist.

Deshalb stimmt er sich über jedes Thema mit allen ab, die in der Kirche etwas zu sagen haben. Er holt laufend die Meinungen von Theologen aus aller Welt ein. Er lässt sich von der Bibelkommission beraten, die eine feste Einrichtung im Vatikan ist. Und er bespricht sich im Verlauf von fünf Jahren mit sämtlichen Bischöfen, die es in der Kirche gibt.

Jeder der insgesamt viertausend Bischöfe muss nämlich alle fünf Jahre einmal in Rom erscheinen und Bericht erstatten, in einem persönlichen Gespräch mit dem Papst. Weil die Zeit des Papstes so knapp bemessen ist, bleibt für jeden Bischof allerdings nur eine Viertelstunde. Die Bischöfe geben sich also im Fünfzehn-Minuten-Takt die Klinke in die Hand; da kann es zu einem echten Gedankenaustausch nie kommen. Aber der Papst vermag sich auf diese Weise wenigstens ein Bild von den brennendsten Problemen zu machen, mit denen die Kirche auf dem jeweiligen Kontinent oder in bestimmten Ländern zu kämpfen hat. Und außerdem lernt er auf diese Weise alle Bischöfe der Welt einmal kennen.

Nebenbei gesagt – bei so viel internationalem Besuch versteht man, wieso ein Papst unbedingt mehrere **Fremdsprachen** beherrschen sollte. Seine engsten Mitarbeiter im Vatikan stammen ja ebenfalls aus den verschiedensten Ländern. Zwar lässt sich das meiste auf Englisch oder

Italienisch erledigen, dennoch ist ein Papst gezwungen, mehrmals am Tag zwischen diversen Sprachen hin- und herzuwechseln.

Wenn beispielsweise der polnische Papst Johannes Paul II. früher den Chef der Glaubenskongregation zum Gespräch empfing, unterhielten sich die beiden auf Deutsch – dieser Chef war nämlich niemand anderer als der deutsche Kardinal Joseph Ratzinger, der gegenwärtige Papst Benedikt XVI. Allerdings war Johannes Paul II. selbst für einen Papst ungewöhnlich vielsprachig: Er soll ein Dutzend Fremdsprachen beherrscht haben. Benedikt XVI. bringt es immerhin auf fünf – plus Latein.

Langweilig wird es einem Papst nie

Zu den Aufgaben des Papstes gehört außerdem die Personalpolitik. Das heißt, er muss neue Bischöfe berufen, geeignete Bischöfe zu Kardinälen ernennen, über den untadeligen Lebenswandel aller Diener Gottes wachen und schwarze Schafe bestrafen.

Schon dieser Aufgabenbereich würde den Papst rund um die Uhr in Atem halten, gäbe es nicht die Kongregation für die Bischöfe, die ihn dabei tatkräftig unterstützt. Allein, was ständig an Bischofsernennungen anfällt! Jede Woche etwa zehn, irgendwo auf der Welt. Da ist ein Bischofsstuhl in Indien neu zu besetzen, da wird ein Nachfolger für den pensionierten Bischof von München gesucht, da ist ein Bischof in Afrika ermordet worden und muss so rasch wie möglich ersetzt werden – und stets kommen mehrere Kandidaten infrage, die der Papst unmöglich alle kennen kann. Die zuständige Kongregation prüft deshalb erst einmal die Kandidatenlisten, stellt Erkundigungen über jeden Einzelnen an und unterbreitet dem Papst dann ihre eigenen Vorschläge.

Auch die päpstlichen Botschafter in den Hauptstädten der Welt, seine Nuntien, wirken dabei mit, indem sie Ohren und Augen offen halten, mögliche Bischofskandidaten vormerken und ihre Informationen regelmäßig nach Rom schicken.

Wer letztlich Bischof wird, das entscheidet dann allerdings doch wieder der Papst allein.

Und er allein bestimmt auch, welcher Bischof in den zweithöchsten Rang der Kirche aufrückt und Kardinal wird. Davon gibt es weltweit nur einhundertzwanzig. Und nur sie, die Kardinäle, genießen das Vorrecht, einen neuen Papst zu wählen.

Kardinalsernennungen wollen besonders gut durchdacht sein, und als Papst würdest du dir etwa Folgendes überlegen, bevor du jemanden in diesen exklusiven Zirkel aufnimmst. Erstens: Die Kardinäle sind deine wichtigsten Mitarbeiter – du solltest dir also Leute aussuchen, die das größte Vertrauen verdienen und in den wesentlichen Punkten deine Ansichten teilen. Zweitens: Kardinäle bilden den kleinen, exquisiten Kreis derer, die mit dir zusammen die Geschicke der Kirche leiten – du wirst also nur richtig gute Leute gebrauchen können. Und drittens: Die katholische Kirche ist eine Weltkirche – das Kardinalskollegium sollte daher tunlichst aus Vertretern aller Kontinente bestehen.

Noch zu Beginn des 20. Jahrhunderts spielte dieser letzte Gesichtspunkt keine Rolle. Bis dahin nämlich fand das kirchliche Leben überall auf der Welt unter den wachsamen Augen von Europäern statt und auch im Kardinalskollegium waren die Europäer unter sich. Doch seither haben deine Vorgänger manches getan, um auch den Christen außerhalb Europas eine Stimme zu verleihen, damit in der Kirche wirklich alle Völker und Kulturen Gehör finden. Dennoch besteht nach wie vor ein krasses Ungleichgewicht zwischen Europa und dem Rest der Welt. Allein aus Italien kommen heute immer noch zwanzig Kardinäle, aber nur jeweils elf stammen aus Afrika und aus Asien.

Ziemlich spannend ist der nächste Aufgabenbereich eines Papstes: die **Selig- und Heiligsprechung** von vorbildlichen Christen. Denn hier ist besondere Vorsicht geboten, weil mit jedem neuen Heiligen das Ansehen der Kirche auf dem Spiel steht. Wie peinlich, wenn sich hinterher herausstellen sollte, dass der Heilige doch einiges auf dem Kerbholz hat! Solche Blamagen zu verhindern ist die Aufgabe der Kongregation für Heiligsprechungen. Dort treffen laufend Vorschläge für neue Heilige ein und dort wird jeder Kandidat in einem langwierigen Verfahren gewissermaßen von Kopf bis Fuß durchleuchtet. War er wirklich so vorbildlich? Hat er sich wirklich nie etwas zuschulden kommen lassen? Hat er tatsächlich die Wunder vollbracht, die seine Bewunderer ihm nachsagen?

Der Kongregation für Heiligsprechungen geht die Arbeit jedenfalls nie aus – auch deshalb nicht, weil die letzten Päpste großen Wert auf aktuelle Vorbilder für eine christliche Lebensweise und gläubiges Durchhaltevermögen gelegt haben. Auf christliche Helden der Gegenwart also, mit denen moderne Menschen mehr anfangen können als mit Heiligen, die in der Frühzeit des Christentums Drachen bekämpft oder lieber jede Marter ertragen haben, als ihre Jungfräulichkeit zu verlieren.

Die zuständige Kongregation kann dem Papst zwar viel Arbeit abnehmen, doch bleibt es ihm nicht erspart, sich selbst in den Lebenslauf eines möglichen Heiligen einzuarbeiten. Denn am Ende ist es doch wieder seine Unterschrift, die den Betreffenden zur Verehrung in der ganzen Kirche freigibt, und deshalb steht auch sein eigenes Ansehen dabei auf dem Spiel.

Es kommt aber noch viel mehr auf einen Papst zu. Zum Beispiel sollte er zusammen mit allen anderen religiösen Führern dieser Erde auf den Frieden in der Welt hinarbeiten. Der Papst spricht deshalb mit den Vertretern der Juden, der Muslime oder Buddhisten und versucht, sich über die grundlegenden Regeln des menschlichen Zusammenlebens mit ihnen zu einigen. Auf diese Weise wachsen das Verständnis und der Respekt füreinander.

Und dann gibt es auch noch die Spaltung der Christen untereinander, mit der sich der Papst nicht abfinden will. Er hat einen Rat für die

Einheit der Christen eingesetzt, der ständig mit Vertretern der evangelischen und orthodoxen Kirchen diskutiert, um die Hindernisse fortzuräumen, die einer Annäherung im Weg stehen. So gesehen könnte man den Vatikan als eine große Dialogmaschine bezeichnen, die sich im permanenten Gedankenaustausch mit allen geistigen Kräften dieser Welt befindet.

Genug fürs Erste. Langweilig wird es einem Papst jedenfalls nie. Viel eher wird er sich fragen: Wie schaffe ich das alles? Für welchen Regierungsstil entscheide ich mich? Soll ich meine Kräfte schonen oder das Papstsein wie einen Hochleistungssport betreiben? Beides ist heute möglich und für beide Arbeitsweisen gibt es Beispiele aus jüngster Zeit. Johannes Paul II. war der gesellige Reisepapst, unermüdlich unterwegs, immer in Kontakt mit den Gläubigen in aller Welt. Er suchte die Nähe der Menschen, nahm sogar sein Mittagessen daheim im Apostolischen Palast in großer Runde ein und konnte von Audienzen und öffentlichen Auftritten nicht genug bekommen.

Ganz anders sein Nachfolger, Benedikt XVI. Er schätzt die Zurückgezogenheit, regiert die Kirche lieber mit klugen Enzykliken von seinem Schreibtisch aus oder durch Gespräche unter vier Augen und speist auch meistens im engsten, vertrauten Kreis. Seine Welt ist eher die der Bücher als die der großen Auftritte.

Das Erstaunliche ist: Bei allen Unterschieden ist es dem einen genauso wie dem anderen gelungen, die Menschen zu begeistern. Auch das muss ein Papst heute ja leisten, auch das wird von ihm erwartet. Und es ist sicherlich nicht das Leichteste an seiner Arbeit.

9. Ein Tag im Leben des Papstes

Ob der neue Tag für einen Papst mit dem ordinären Rasseln eines Weckers beginnt? Wir wissen es nicht – kaum eine Information dringt aus diesem innersten Bereich des Vatikans nach draußen. Vielleicht lässt er sich auch von den ersten Takten einer Mozart-Symphonie wecken. Oder von seinem Kammerherrn. Wahrscheinlich von seinem Kammerherrn, denn irgendjemand muss ja die Vorhänge vor den Fenstern im Schlafzimmer des Papstes aufziehen; der Heilige Vater wird das nicht selbst erledigen.

Nur wenige Menschen kommen für diesen ersten Dienst des Tages infrage. Denn nur der Kammerherr, die Ordensfrauen, die den Haushalt führen, und der Privatsekretär als der engste Vertraute des Papstes haben jederzeit Zugang zu seiner Wohnung im Apostolischen Palast und dürfen sich dort frei bewegen. Sie sind dem Papst buchstäblich am nächsten, sie bewohnen nämlich die Etage gleich über ihm.

Der Tag eines Papstes beginnt zwischen sechs und halb sieben Uhr. Hat er sich angekleidet, begibt er sich als Erstes, noch vor dem Frühstück, in seine Privatkapelle, um die Frühmesse zu hören, so gegen sieben. Johannes Paul II. liebte es, schon zu dieser Morgenstunde Menschen um sich zu haben; Gäste von weither waren ihm besonders willkommen. Benedikt XVI. legt um diese Zeit noch keinen Wert auf fremde Gesichter; ihm reicht während der Frühmesse die kleine Schar seiner Mitbewohner als Gesellschaft – im Lauf des Tages wird er noch genug Menschen begegnen. Gegen halb acht wird dann das Frühstück eingenommen und spätestens um acht lässt sich der Papst an seinem Schreibtisch nieder.

Der Vormittag eines Papstes

Der Arbeitstag beginnt mit Aktenstudium. Das heißt: Der **Substitut** erscheint mit einem Aktenstoß im Arbeitszimmer des Papstes und bittet ihn, heute dieses zu bearbeiten und jenes zu prüfen. Der Substitut, muss man wissen, ist der dritthöchste Mitarbeiter des Papstes im Vatikan, ein Erzbischof in der Regel. Er teilt die Arbeit des Papstes so ein, dass er sie bewältigen kann und nicht unter der Last seiner Verpflichtungen zusammenbricht.

In den nächsten drei Stunden wird sich der Papst also mit dem üblichen Papierkram beschäftigen, mit Pressekommentaren, mit dem weltweiten Schriftverkehr der Kirche und mit den Stellungnahmen einzelner Kongregationen, mit Ernennungsurkunden für neue Bischöfe und frisch eingetroffenen Berichten einiger Nuntien aus diversen Hauptstädten der Welt. Und dann gibt es noch die brisanten Fälle, in denen möglichst bald eine Entscheidung des Papstes erwartet wird. Fälle wie der von Fernando Lugo, einem Bischof in Paraguay, der Politiker werden möchte.

Ein besonders kniffliger Fall. Denn eigentlich geht das nicht. Eigentlich verbietet das katholische Kirchenrecht Geistlichen, in die Politik einzusteigen, und die Gesetze des Staates Paraguay verbieten es ebenfalls. Kirche und Staat sollen säuberlich getrennt bleiben. Eigentlich müsste Bischof Lugo also aufhören, Bischof zu sein, bevor er Politiker werden kann. Doch nicht einmal der Papst kann einen Bischof in einen einfachen Gläubigen zurückverwandeln. Ein Bischof hat nämlich die besonderen Bischofsweihen empfangen und damit die Nachfolge der Jünger Jesu angetreten, und davon kann man nicht zurücktreten. Diese Weihe gilt für alle Ewigkeit. Einmal Bischof, immer Bischof. Und jetzt ist Fernando Lugo in Paraguay sogar zum Präsidenten gewählt worden!

Ein unhaltbarer Zustand, und peinlich dazu. Denn im Grunde ist der Papst machtlos – und gleichzeitig gezwungen, rasch zu handeln. Also eine Ausnahme machen? Alles in den Wind schlagen, was die Kirche seit fast zweitausend Jahren über ihre Bischöfe sagt und lehrt, und den Mann doch von allen kirchlichen Pflichten entbinden, damit er sein Präsidentenamt antreten kann?

Benedikt XVI. hatte diesen Fall im Jahr 2008 tatsächlich zu entscheiden. Und er entschied sich tatsächlich für das Unmögliche. Er machte die Bischofsweihe rückgängig. Ausnahmsweise. Heute ist Fernando Lugo wieder ein ganz normales Kirchenmitglied, dazu Staatspräsident von Paraguay – und obendrein der einzige Ex-Bischof, den die Kirchengeschichte je gesehen hat.

Mit dem Aktenstudium vergeht der Vormittag und in dieser Zeit fallen wichtige Entscheidungen. Um elf verlässt der Papst sein Büro und begibt sich in den zweiten Stock des Apostolischen Palastes, wo die **Audienzen** stattfinden. Für die nächsten zwei Stunden geht es nun Schlag auf Schlag. Für Bischöfe nimmt sich der Papst, wie schon erwähnt, jeweils eine Viertelstunde Zeit, für Diplomaten, Staatspräsidenten und Regierungschefs zwanzig, allerhöchstens dreißig Minuten. Anders wäre es nicht zu schaffen.

Wobei der Papst niemals von sich aus einen Politiker einlädt. Alle kommen sie auf eigenen Wunsch zu ihm in den Vatikan. Die Vorstellung, vom Papst empfangen zu werden, hat für viele Staatenlenker dieser Erde nun einmal einen unwiderstehlichen Reiz, selbst für Spitzenpolitiker aus islamischen Ländern. Der Papst kann allerdings unmöglich alle Besuchswünsche erfüllen, und bisweilen heißt es dann: Tut uns leid, der Heilige Vater weilt gerade nicht in Rom ...

Fünfzehn Minuten – die sind für einen Bischof, der aus Afrika oder Südamerika angereist ist und vieles auf dem Herzen hat, was der Papst unbedingt erfahren sollte, im Nu vorbei. Doch der Zeitplan ist unerbittlich. Johannes Paul II. war selbst unglücklich darüber und lud Bischöfe, denen drängende Probleme auf der Seele brannten, anschließend zum Mittag- oder Abendessen ein; da konnte man dann bei Tisch in entspannter Atmosphäre noch lange weiterreden. Bei Benedikt XVI. hingegen geht es spartanischer zu. Er ist ohnehin über das meiste sehr gut informiert, er wird es bei diesen knappen Gesprächen belassen und die gewonnene Zeit dazu nutzen, die neusten theologischen Bücher zu Rate zu ziehen. Jeder Papst hat eben seinen eigenen Stil.

Etwas anderes sind die **Privataudienzen** für Staatschefs und gekrönte Häupter. Ist die Queen von England oder der Präsident des Kongo angekündigt, läuft ein höfisches Zeremoniell ab, wie man es in Europa sonst nirgendwo mehr erleben kann, nach festen Regeln und mit großem Aufwand, und plötzlich befinden wir uns an einem Fürstenhof des 18. Jahrhunderts.

Während der Papst auf dem Thronsessel in seiner prunkvollen Privatbibliothek Platz nimmt, werden die hohen Gäste im Außenhof von den zwei Kammerherren seiner Heiligkeit abgeholt und von einer ganzen Eskorte hoher Repräsentanten des päpstlichen Hofstaates im feierlichen Zug durch die Flure und Säle des Apostolischen Palastes geleitet, vom Prälaten des Päpstlichen Vorzimmers, dem Präfekten des Päpstlichen Hauses, dem Päpstlichen Almosenverwalter und dem Päpstlichen Thronassistenten, der ein römischer Fürst ist – um nur einige zu nennen.

Die kostbaren, altertümlichen Uniformen und die reich dekorierten Gewänder, die Menge großartiger Gemälde und Kunstwerke und die verschwenderische Ausstattung der prächtigen Säle, das alles ist schon eindrucksvoll genug. Aber als einen der Höhepunkte ihres Lebens dürften es die meisten Gäste doch empfinden, schließlich vor dem Papst zu stehen und von ihm angesprochen zu werden.

Und dann? Zu tiefschürfenden Gesprächen wird es auch jetzt nicht kommen, so viel ist sicher. Der Papst wird mit seinen Gästen Höflichkeiten austauschen und dann in allgemeinen Formulierungen zum Ausdruck bringen, was sich die Kirche von der Politik des betreffenden Staates erhofft. Den Präsidenten des Kongo beispielsweise würde der Papst wissen lassen, wie viel ihm daran liegt, dass in dessen Land Frieden herrscht, dass alle Kinder eine Schulbildung erhalten, dass die Gleichbehandlung der Frauen ernst genommen wird und jeder Bürger seine Religion frei ausüben darf. Der Präsident des Kongo wird dazu nicken und anschließend bestätigen, dass genau dies die Ziele seiner Politik seien – und damit wäre die Audienz auch schon fast vorbei.

Welterschütterndes findet also in dieser halben Stunde in der Privatbibliothek des Papstes nicht statt und seine Gäste verlassen diesen Ort auch nicht unbedingt als neue, bessere Menschen. Aber sinnlos sind solche Begegnungen trotzdem nicht, denn was der Papst vorträgt, das bleibt im Ohr, das vergisst keiner so leicht, das verstehen viele Politiker als Auftrag, weil es mit höchster Autorität gesagt wurde, eben mit der moralischen Autorität des Papstes.

Bis vor einiger Zeit war es übrigens üblich, als Zeichen der Ehrerbietung bei solchen Audienzen den Fischerring zu küssen, den der Papst an seiner linken Hand trägt. Heutige Päpste legen keinen Wert mehr darauf. Sie sind überhaupt etwas bescheidener geworden als ihre Vorgänger und haben in den vergangenen Jahrzehnten auf manche Äußerlichkeit verzichtet, die sie majestätischer erscheinen lassen sollte.

Auf die **Tiara** zum Beispiel, eine pompöse, dreistufige, mit Juwelen besetzte Krone, die viele Jahrhunderte lang das Erkennungszeichen der Päpste war. Sie wurde unter Paul VI. 1964 aus dem Verkehr gezogen, genauso wie der tragbare Thronsessel des Papstes. Auf diesem Sessel ließen sich frühere Päpste von zwölf Trägern hoch über den Köpfen der Menschen durch die Menge tragen, wenn sie sich bei offiziellen Anlässen in der Öffentlichkeit zeigten. Dir als Papst stände es allerdings frei, die Tiara und den tragbaren Thronsessel wieder aus der Rumpelkammer des Vatikans hervorzuholen und zu neuen Ehren zu bringen.

Gegen dreizehn Uhr sind die Audienzen vorbei, es ist Zeit zum Mittagessen. Der Papst begibt sich zurück in seine Privatgemächer im dritten Stockwerk, wo ihn ein Drei-Gänge-Menü erwartet. Benedikt XVI. ist schneller mit dem Essen fertig als sein Vorgänger und gewinnt so Zeit für die Arbeit. Ein kleiner Mittagsschlaf muss allerdings sein, und wenn es sich irgend einrichten lässt, unternimmt der Papst danach seinen Spaziergang durch die Vatikanischen Gärten, wo er sich zusammen mit seinem Privatsekretär Georg Gänswein ins Rosenkranzgebet vertieft. Ab fünfzehn Uhr treffen wir den Papst dann wieder an seinem Schreibtisch an.

Der Nachmittag eines Papstes

Auch der Nachmittag beginnt mit Aktenstudium. Den frühen Abend hält sich der Papst für Gespräche mit den Chefs der wichtigsten Kongregationen und Behörden frei. An einem Tag kommt der Innenminister des Vatikans zu ihm, am nächsten der Außenminister, dann der Chef der Bischofskongregation und, nicht zu vergessen, der Chef der Kongregation für die Glaubenslehre. Eine volle Stunde ist für jeden reserviert; es muss bei diesen Besprechungen also um Fragen von größter Wichtigkeit gehen.

Tun wir einmal so, als könnten wir uns in die Unterredung mit dem Chef der Bischofskongregation einschalten. Er hat die Vorschlagslisten für acht, zehn oder zwölf frei gewordene Bischofsstellen dabei, er kennt die Berichte der Nuntien zu jedem Kandidaten, er hat seinerseits Informationen über sie eingeholt und kann dem Papst jetzt ein kurzes Porträt von jedem Einzelnen liefern.

Der Abt eines Benediktinerklosters auf Sri Lanka käme als Bischof infrage? Was hat der Mann bisher geleistet? Hat er als Abt Führungsqualitäten bewiesen – oder geht es in seinem Kloster drunter und drüber? Und wie gut versteht er sich mit den Vertretern des Buddhismus, die in Sri Lanka die große Mehrheit bilden? Lebt er im Frieden mit seinen buddhistischen Nachbarn?

In jedem einzelnen Fall will das Pro und Contra gründlich erwogen werden, denn die Bischöfe sind die Säulen der Kirche. Sie sind Nachfolger der Jünger Jesu, genauso wie der Papst, und ihre Meinungen und Erfahrungen haben in der Kirche Gewicht. Das war nicht immer so. Jahrhundertelang haben die Päpste alle anderen Bischöfe wie Befehlsempfänger oder wie Angestellte der Firma Vatikan behandelt. Zur neuen Bescheidenheit der Päpste gehört es, dass sie die Bischöfe wieder als Amtsbrüder anerkennen und an der Leitung der Kirche mitwirken lassen.

Um die großen Schicksalsfragen der Kirche geht es dann bei den Themen, die der Papst mit dem Vorsitzenden der Glaubenskongregation behandelt. Nehmen wir als Beispiel einen Fall, der in den Siebziger- und Achzigerjahren des letzten Jahrhunderts für große Aufregung in der Kirche gesorgt hat: die sogenannte **Befreiungstheologie**, eine Bewegung von Priestern in Südamerika.

Kurz die Vorgeschichte: In jenen Jahren hatte sich in Lateinamerika einiges zusammengebraut. Es gab himmelschreiende soziale Gegensätze. Millionen von Armen vegetierten in den Slums der großen Städte oder als schlecht bezahlte Arbeitskräfte auf dem Land, führten ein Leben fast wie Sklaven, und wer es wagte, für mehr Gerechtigkeit einzutreten, musste um sein Leben fürchten. Von den Politikern war keine Abhilfe zu erwarten, die machten in allen südamerikanischen Staaten gemeinsame Sache mit der kleinen Oberschicht der Superreichen. Und was noch schlimmer war: Auch die katholische Kirche dort überließ die Armen ungerührt ihrem Schicksal. Mit der Zeit aber wuchs die Zahl der Priester, die diese Zustände nicht mehr hinnehmen wollten.

Musste sich die Kirche Jesu Christi nicht auf die Seite der Benachteiligten schlagen? Verlangte es nicht schon die christliche Nächstenliebe, dass sich Priester und Bischöfe gegen die Machthaber und Ausbeuter zusammentaten und für eine radikale Veränderung der gesellschaftlichen Verhältnisse starkmachten? Vielleicht sogar für einen politischen Umsturz, für eine Revolution?

So entstand die Theologie der Befreiung, und viele Priester Südamerikas begeisterten sich für ihre Ziele: Gerechtigkeit für die Armen – wenn es sein musste auch mit Gewalt. Und plötzlich war kaum noch ein Unterschied zwischen Christen und Kommunisten zu erkennen. Die Kommunisten predigten den bewaffneten Kampf gegen die herrschende Klasse – und die Befreiungstheologen lehnten ihn zumindest nicht ab. Das Christentum drohte in Lateinamerika zu einer revolutionären, politischen Bewegung zu werden.

Jetzt konnte der Papst nicht mehr untätig zusehen. Er beauftragte die Kongregation für die Glaubenslehre, sich der Sache anzunehmen. Deren Mitarbeiter versuchten nun in langen Gesprächen und mit sanftem Druck, die Befreiungstheologen vom Weg der Gewalt abzubringen. Die führenden Köpfe der Befreiungstheologie mussten nach Rom kommen und Rede und Antwort stehen, und einige wurden zum Schweigen verurteilt, das heißt: Es wurde ihnen verboten, ihre Ideen weiterhin in Reden oder Büchern zu verbreiten.

Mit dem Zusammenbruch des Kommunismus erlosch auch die Kraft der Befreiungstheologie, und heute steht die Kongregation für die Glaubenslehre eher vor dem Problem der Gleichgültigkeit, die den christlichen Glauben schwächt. Immer aber geht es um grundlegende, existenzielle Fragen, wenn ihr Chef einmal die Woche mit dem Papst zur Unterredung zusammenkommt. Da werden Weichen für die Zukunft der Kirche gestellt und deshalb gibt es in der Arbeitswoche eines Papstes kaum einen wichtigeren Termin.

Nach neunzehn Uhr wird es ruhiger. Gelegentlich schaut sich der Papst vor dem Abendessen zusammen mit seinen beiden Privatsekretären die Nachrichten im Fernsehen an. Das Abendessen verläuft dann bei Benedikt XVI. wieder ruhiger als früher bei Johannes Paul II., aber auch er lädt manchmal alte Bekannte oder Freunde dazu ein. Danach zieht sich der Papst zurück, zum Lesen oder zum Weiterarbeiten. Hin und wieder muss ja eine Enzyklika geschrieben werden und tagsüber bleibt einem Papst dafür keine Zeit. Gegen dreiundzwanzig Uhr erlischt dann in der Regel das Licht im Zimmer des Papstes und ein langer Arbeitstag geht zu Ende.

Nach diesem Muster verlaufen die meisten Tage im Leben eines Papstes. Der Samstag macht da keine Ausnahme, auch der ist ein normaler Arbeitstag. Nur dienstags, mittwochs und sonntags ergeben sich Abweichungen vom üblichen Plan. Der Mittwoch ist der Tag der **Generalaudienz,** an dem sich der Papst mit einer Rede an die versammelten Gläubigen auf dem Petersplatz (oder bei Regen in der Audienzhalle) wendet. Um diese Ansprachen vorbereiten zu können, lässt er dienstags die Privataudienzen ausfallen. Und sonntags feiert er natürlich die Messe, im Petersdom oder in einer der anderen großen Kirchen Roms.

Zweimal die Woche also gibt der Papst sein Leben in der Verborgenheit des Apostolischen Palastes auf und wird zu einer realen Person, wird sichtbare und hörbare Wirklichkeit. Immer zeigt sich dann, wie viele auf ihn gewartet haben. Eine Papstmesse im Petersdom zieht leicht vierzigtausend Menschen an und die Rundfunkübertragung der Generalaudienz jeden Mittwoch ist weltweit die beliebteste Sendung von *Radio Vatikan.*

Vorsicht, Fotografen!

Inzwischen wirst du gemerkt haben: Für jemanden, der das Leben genießen will, ist dieser Job nichts. Die Tage eines Papstes verlaufen gleichförmig, fast wie ein Ritual, immer nach demselben Schema, obendrein sind sie vollgestopft mit Arbeit, und ein erholsameres Lebensende ist auch nicht in Sicht, denn Päpste gehen nicht in Rente, sie rackern sich ab bis zum letzten Atemzug. Ein gesunder Papst bringt es auf hundert Arbeitsstunden pro Woche und mehr, kommt also gut und gerne auf die dreifache Arbeitszeit eines deutschen Angestellten.

Und was für uns Normalsterbliche vielleicht das Schlimmste ist: Päpste haben praktisch kein Privatleben. Sie sind fast nie allein, aber wahrscheinlich ziemlich einsam. *»Der Papst ist ein Gefangener des Vatikans«,* bestätigt Pater von Gemmingen. *»Nicht nur dass er in eine mörderische Arbeit eingezwängt ist – er genießt auch keinerlei Bewegungsfreiheit. Unmöglich, abends einfach mal ins Restaurant zu gehen oder ein Konzert zu besuchen. Allein was für einen harmlosen Ausflug in die Stadt an Sicherheitsvorkehrungen nötig wäre ...«* Und dann erzählt er, wie

Johannes Paul II. sich früher manchmal doch ein wenig Luft verschafft und sich einmal im Monat davongestohlen hat, in einer Limousine mit dunkel getönten Fensterscheiben, und nach Rom hineingefahren ist. Niemand durfte das wissen, keiner durfte davon erfahren. Nur seine Mitbewohner waren informiert, also die Leute, die seinen Haushalt führen, und die mussten natürlich schweigen. Nach allem, was man weiß, unternimmt Benedikt XVI. nicht einmal solche kleinen, geheimen Abstecher.

Nun ist aber auch ein Papst keine Maschine, sondern ein Mensch. Von Zeit zu Zeit muss auch er einmal zu Atem kommen. Und dafür gibt es **Castel Gandolfo**, eine traumhafte, schlossartige Residenz dreißig Kilometer südwestlich von Rom. Seit 1626 fliehen die Päpste vor der drückenden Spätsommerhitze Roms hierhin, wo frische Winde das Leben erträglich machen und der Terminplan etwas weniger unerbittlich ist. Die Amtsgeschäfte gehen allerdings auch hier weiter. Aber zwischendurch bleibt doch Zeit zum Verschnaufen, zum Lesen oder Bücherschreiben, für lange Spaziergänge in den herrlichen Parkanlagen von Castel Gandolfo oder sogar für kurze Ausflüge in die Umgebung

und ein Picknick im Grünen samt mitgebrachten Butterbroten. Endlich einmal bietet sich hier auch die Gelegenheit, mit anderen Menschen als Kardinälen und Erzbischöfen lange Gespräche zu führen und Leute einzuladen, die in der Welt des Geistes ebenfalls ein Wörtchen mitzureden haben, nämlich berühmte Schriftsteller und Naturwissenschaftler, Künstler und Philosophen.

Sollte der Papst den Wunsch verspüren, schwimmen zu gehen, ist das ebenfalls möglich: Johannes Paul II., ein sportlicher Mensch, hat auf dem Gelände von Castel Gandolfo einen Swimmingpool anlegen lassen. Doch hierbei ist Vorsicht geboten. Bevor ein Papst ins Wasser steigt, sollte er die Bäume und Dächer der Umgebung nach Sensationsfotografen absuchen lassen. Einer dieser Quälgeister hat Johannes Paul II. einmal in der Badehose erwischt. Und der Anblick des Heiligen Vaters in Badehose – das gehört nun wirklich zu den gut gehüteten Geheimnissen des Vatikans.

Bleibt zum Abschluss dieses Kapitels eigentlich nur die Frage: Wie bewegt sich ein Mensch, der eigentlich keine Bewegungsfreiheit hat, der geschützte Räume braucht und an abgesperrte Bezirke gewöhnt ist?

Am liebsten durch die Luft, lautet die Antwort. Dort gibt es für einen Papst weniger Hindernisse als am Boden. Denn einen Privatzug, mit dem er zumindest in Italien ungestört durch die Lande reisen könnte, besitzt er nicht, und Autofahrten auf normalen Straßen haben ihre Tücken. Auch kurze Strecken wie die von Castel Gandolfo zum Vatikan dürfte ein Papst nur im Schutz eines größeren Polizeiaufgebots und unter dem Einsatz jeder Menge Blaulicht zurücklegen, und trotzdem liefe er Gefahr, im Stau stecken zu bleiben – fast so unvorstellbar wie ein Papst in Badehose.

Für seinen allwöchentlichen Abstecher von Castel Gandolfo zur Generalaudienz auf dem Petersplatz nimmt er deshalb den Hubschrauber. So dauert die Reise nur zehn Minuten, und der Pilot kann ihn direkt im Vatikan absetzten, auf dem Hubschrauberlandeplatz in der äußersten Ecke der Vatikanischen Gärten.

Es gibt allerdings Situationen im Leben eines Papstes, da spielt die Geschwindigkeit der Fortbewegung keine Rolle. Da kommt alles darauf an, dass er von möglichst vielen Menschen gesehen wird und allen in Ruhe zuwinken kann und trotzdem vorankommt – auf Auslandsreisen zum Beispiel, bei der Fahrt vom Flughafen in eine Stadt, die ihn erwartet. Für solche Fälle gibt es ein ganz ausgefallenes, einzigartiges Fahrzeug, nämlich das **Papamobil**.

Hinter dieser eher scherzhaften Bezeichnung verbirgt sich eine gepanzerte Limousine mit einem hohen Aufbau aus kugelsicherem Glas hinter dem Fahrersitz und dieser Aufbau bietet Platz genug für den Thronsessel des Papstes und den Papst selbst. Eine weitere Besonderheit: Aus Sicherheitsgründen besitzt das Papamobil ein Spezialgetriebe, mit dem es sich im Fall eines Attentats genauso rasant vorwärts wie rückwärts beschleunigen lässt.

Viele Autofirmen haben mittlerweile ein solches Spezialfahrzeug eigens für den Papst entwickelt – und dem Vatikan trotz der enormen Herstellungskosten freundlicherweise zum Geschenk gemacht. Es belastet daher die Kasse des Papstes nicht im Geringsten, dass heute immerhin zwanzig Papamobile über den ganzen Erdball verteilt stationiert sind, sechs davon allein in den Garagen des Vatikans.

10. Und wie werde ich nun Papst?

Du weißt jetzt in etwa, was auf dich zukäme und dass du auf vieles verzichten müsstest. Auf Frauen zum Beispiel ganz, auf Freizeit und Freunde weitgehend. Vielleicht willst du es gerade deshalb versuchen. Man kann ja genau aus diesem Grund Papst werden wollen: weil man von einem Leben träumt, das ganz und gar aus dem üblichen Rahmen fällt und jede Vorstellung übersteigt.

Wenn es also weiterhin für dich in Frage kommt, Papst zu werden, sollten wir uns jetzt der Frage zuwenden, wie man es wird. Aber vorher eine Frage an dich: Hältst du dich für geeignet? Bringst du die Eigenschaften mit, die ein Papst besitzen muss?

Es gehört einiges dazu. Natürlich ist jeder Papst anders, aber bestimmte Charaktereigenschaften sind Voraussetzung. Ein Papst, der seine Ruhe liebt, ist beispielsweise unvorstellbar. Er muss hart arbeiten können und Lust dazu haben – Fleiß wäre also die erste Bedingung.

Dann Menschenliebe. Das heißt: Ein Papst muss sich gern unter Menschen begeben, er muss grundsätzlich neugierig auf Menschen sein und allen ein unerschütterliches Wohlwollen entgegenbringen. Wenn du für Vorurteile oder Abneigungen gegenüber deinen Mitmenschen anfällig bist, solltest du das bald ablegen – oder die Idee, Papst zu werden, aufgeben.

Außerdem Prinzipientreue. Damit ist nicht Sturheit gemeint, sondern der Mut, Grundüberzeugungen zu vertreten und zu verteidigen – auch wenn sie völlig unmodern sind. Du darfst nicht vergessen: Gewisse Wahrheiten gelten in der Kirche für immer und ewig.

Und dann Beharrungsvermögen, aber ohne in Übereifer oder Fanatismus zu verfallen. Bei Menschen, die Prinzipien haben, die an etwas glauben, besteht immer die Gefahr, dass sie fanatisch werden. Wenn man die Übel der heutigen Welt sieht, ist man ja leicht versucht, nur die Fehlentwicklungen zu sehen und anzugreifen. Als Papst aber muss man wissen: Wer tröstet und lobt, erreicht oft mehr als derjenige, der schimpft und kritisiert – und von einem ewigen Nörgler lässt sich sowieso niemand etwas sagen. Die Beharrlichkeit sollte also durch Menschenliebe ausbalanciert werden.

Schließlich Offenheit. Ein Papst darf sich nicht einseitig beraten lassen. Er darf sich Menschen, die ihm widersprechen, nicht vom Leib halten. Ein Papst muss auch mit Widersachern und Andersdenkenden reden. Er braucht den Rat von Leuten, die nicht dieselbe Meinung vertreten wie er.

Und ganz zum Schluss noch: keine Staralüren. Anderen Berühmtheiten mögen die Herzen zufliegen, wenn sie sich selbstverliebt in Szene setzen oder den starken Mann markieren. Ein Papst aber erobert die Herzen durch freundliche Bescheidenheit.

Jemanden, der diese Qualitäten besitzt, könnte man als eine väterliche Führungspersönlichkeit bezeichnen. Und genau das sollte ein Papst ja sein. Wenn du das Gefühl hast, noch nicht alle diese Bedingungen zu erfüllen, brauchst du jetzt aber nicht aufzugeben. Zwar kann niemand sich ganz neu erfinden, aber viele Charakterstärken lassen sich im Lauf des Lebens doch aneignen. Keiner ist seinen Schwächen hilflos ausgeliefert wie einem unabänderlichen Schicksal; man kann seinen Charakter durchaus durch Willenskraft beeinflussen. Und Willenskraft wirst du auf jeden Fall brauchen, denn der Weg, der vor dir liegt, ist lang.

Wie wird man also Papst? Nun, wie schon gesagt ... Theoretisch musst du lediglich zwei Bedingungen erfüllen, um als Papst infrage zu kommen: Du musst männlich sein und katholisch getauft. Aber natürlich reicht das in Wirklichkeit nicht. Denn eine realistische Chance hat nur das kleine Häufchen der einhundertzwanzig Kardinäle, die es auf der Welt gibt. Die Kardinäle wählen den Papst und seit Jahrhunderten fällt ihre Wahl ausnahmslos auf einen aus ihren eigenen Reihen.

Bis zum Kardinal müsstest du es also schon bringen. Da nur Bischöfe zu Kardinälen ernannt werden, wirst du vorher Bischof geworden sein müssen. Und da keiner Bischof wird, der nicht zuvor Priester war, wirst du deine Papstkarriere in einer ganz normalen Kirchengemeinde beginnen müssen. Mit anderen Worten: Du musst einen ganz bestimmten, genau vorgeschriebenen Werdegang einhalten.

Die erste Etappe – vom Täufling zum Priester

Deine Eltern lassen dich taufen – das ist der erste Schritt, so wirst du in die Gemeinschaft der Christen aufgenommen. Später gehst du zur Erstkommunion – und entdeckst, dass dir die Atmosphäre in einer Kirche gefällt, vor allem an hohen Festtagen wie Ostern oder Weihnachten. Dann wirst du gefirmt – und erlebst dabei zum ersten Mal in deinem Leben einen Bischof aus der Nähe, kannst deine Augen nicht von seinem prächtigen Messgewand losreißen und bist beeindruckt.

Du wirst Messdiener und unterstützt den Pfarrer beim Gottesdienst – und merkst, dass es dir Freude macht, bei den heiligen Handlungen vorn am Altar eine Rolle zu spielen, die Kerze hereinzutragen, das Weihrauchfass zu schwenken und dem Pfarrer die Bibel oder den Abendmahlskelch anzureichen.

Nach dem Abitur entschließt du dich, **Theologie** zu studieren – aber nicht um Religionslehrer oder Theologieprofessor zu werden, sondern weil du der Kirche mit ganzer Kraft dienen und das Wort Gottes verkündigen willst. Religionslehrer oder Theologieprofessor, das wäre nur eine halbe Sache und halbe Sachen reizen dich nicht. Du studierst also Theologie in der Absicht, Priester zu werden. Nach ein paar Jahren legst du dein Examen an der Universität ab und trittst als Nächstes in das Theologenkonvikt deines Bischofs ein, wo du dein Studium bis zum Diplom fortsetzt.

Jetzt hast du ein volles Theologiestudium absolviert. Aber zum Priester fehlt dir noch einiges – die praktische Erfahrung mit der Seelsorge und der Leitung einer Kirchengemeinde zum Beispiel. Diese Erfahrungen holst du dir auf dem Priesterseminar im Anschluss an dein Studium. In dieser Zeit hilfst du als sogenannter Priesteramtskandidat in einer Kirchengemeinde aus und lernst nebenbei im theoretischen Unterricht, wie man sich als künftiger Priester in allen möglichen Situationen korrekt verhält, zum Beispiel im Beichtstuhl, wenn jemand von seinen Sünden berichtet.

Auf dem Priesterseminar lässt du dich zum **Diakon** weihen. Zum Gemeindehelfer. Ein Diakon stellt gewissermaßen die unterste Stufe der langen Treppe dar, die du dich zu ersteigen anschickst.

Und jetzt ist der Moment gekommen, in dem du deiner Sache schon sehr sicher sein musst, denn bei der Weihe zum Diakon gibst du das Zölibatsversprechen ab, und das gilt für den Rest deines Lebens. Was bedeutet dieser **Zölibat**? Keine Frauen, bedeutet es. Keine Frauen, keine Ehe, keinerlei sexuelle Betätigung, also auch keine Kinder und keine Familie. Enthaltsamkeit bedeutet es und ein Leben als Single. Das ist eine schwere Entscheidung, dazu musst du dich durchringen – oder dir ehrlich eingestehen, dass dich ein enthaltsames Leben auf Dauer überfordern würde, und den Plan, Papst zu werden, fallen lassen. Jetzt jedenfalls musst du beweisen, wie ernst du es meinst.

Sollte dich der Zölibat nicht schrecken, folgt nach ein bis zwei Jahren der nächste große Schritt: die **Priesterweihe**. Das ist eine eindrucksvolle Zeremonie, weil sich jeder Priesterkandidat während eines feierlichen Gottesdienstes vor dem Altar der Länge nach auf den Boden werfen und seinem Bischof Treue und Gehorsam schwören muss.

Die eigentliche Weihe geschieht dann, indem sämtliche anwesenden Priester und Bischöfe dir die Hand aufs Haupt legen. Danach gehörst du einer besonderen Art von Menschen an: den Dienern Gottes. Eine Kirche wird dein Arbeitsplatz sein und eine Gemeinde deine Familie. Und da es noch in den Sternen steht, ob aus dir je ein Bischof wird, gehst du zunächst einmal davon aus, dass du dort bleiben wirst, für den Rest deines Lebens, in dieser Kirche und bei dieser Gemeinde.

Aber der Reihe nach. Was erwartet dich nach der Priesterweihe als Nächstes? Ein Umzug wahrscheinlich, ein Umzug in eine andere Stadt oder vielleicht auch aufs Land. Du darfst dir deinen ersten Arbeitsplatz jedenfalls nicht selbst aussuchen, der wird dir von deinem Bischof zugeteilt, und du packst deine Sachen und kommst jetzt zu einer Kirchengemeinde, die dir einstweilen noch fremd ist. Dort allerdings gibt es bereits einen Priester, den Pfarrer nämlich, und den löst du nicht gleich ab. Dem gehst du erst einmal zur Hand, und zwar als **Kaplan** und so lange, bis du dein Pfarrexamen abgelegt hast.

Das kann fünf Jahre oder mehr dauern und in dieser Zeit lernst du das menschliche Leben mit all seinen Höhen und Tiefen kennen. Du leitest die Jugendarbeit und fährst mit Jugendgruppen auf Freizeiten, in ein Zeltlager der Pfadfinder zum Beispiel. Du erteilst Religionsunterricht an einer Schule. Du kümmerst dich um die Alten und Kranken der Gemeinde, machst Krankenhausbesuche, lässt dich beim Seniorenkreis blicken. Du taufst Kinder und beerdigst die Verstorbenen, sprichst den ersten Segen über einem Neugeborenen und das letzte Gebet an einem offenen Grab und predigst sonntags auch im Gottesdienst. Wahrscheinlich bist du über dreißig, bevor du deine eigene Gemeinde erhältst und selbst Pfarrer wirst.

Hier sollten wir einen Moment innehalten, denn die meisten Priester haben jetzt bereits ihr Lebensziel erreicht. Sie lieben ihre Arbeit und den engen Kontakt zu ihrer Gemeinde. Sie wachsen da wie in eine große Familie hinein, fühlen sich dort aufgehoben und geborgen und wollen sich nicht mehr von ihrer Gemeinde trennen.

Es ist ja verständlich: Als **Pfarrer** wird man mit allen Licht- und Schattenseiten des menschlichen Lebens konfrontiert und ist gleichzeitig in einer ständigen Verbindung mit Gott. Man kommt unablässig mit Menschen in Berührung, besucht den Kindergarten der Pfarrei, führt die Tauf- und Brautgespräche, begleitet Verstorbene bis zu ihrer letzten Ruhestätte und hilft den Angehörigen über ihre Verzweiflung hinweg, man bereitet Kinder auf die Erstkommunion vor und nimmt von morgens bis abends die Anrufe von Menschen entgegen, die bedrückt sind und womöglich nicht mehr weiterwissen.

Mit anderen Worten: Pfarrer verkündigen die Botschaft Jesu Christi und helfen anderen Menschen, sich in schwierigen oder entscheidenden Lebensphasen zurechtzufinden. Man kann sich vorstellen, dass viele Priester darin ihre Lebensaufgabe sehen und vollauf damit zufrieden sind. Aber was tun, wenn du dich zum Bischof berufen fühlst? Wie stehen denn deine Aufstiegschancen jetzt, nachdem du Pfarrer geworden bist?

Das kommt darauf an. Zum Beispiel auf das Prestige der Gemeinde, die du als Pfarrer leitest. Handelt es sich dabei um eine der großen, traditionsreichen Kirchengemeinden deiner Stadt, dann sind deine Chancen nicht schlecht, denn solche Gemeinden stehen im Mittelpunkt, sie werden beachtet – und du musst ja irgendwie auffallen. Wer fällt schon auf, wenn er in einer kleinen Gemeinde am Stadtrand oder in einem bayerischen Dorf als Pfarrer wirkt? Aber eine Kirchengemeinde mit einer schönen, alten Kirche in der Innenstadt, die wäre schon ein Sprungbrett für die weitere Karriere.

Natürlich müsstest du dir auch persönliche Verdienste erwerben. Wer unauffällig seine Arbeit tut, bleibt unbemerkt. Aber wer eine große Pfarrei klug verwaltet, wer organisatorische Fähigkeiten an den Tag legt oder so mitreißend predigt, dass alle ihn hören wollen und seine Kirche sonntags bis auf den letzten Platz gefüllt ist, der macht sich früher oder später einen Namen. Das heißt, er macht den Bischof auf sich aufmerksam und darf hoffen, in absehbarer Zeit größere Aufgaben übertragen zu bekommen.

Auffallen kann man aber auch auf andere Art. Als Studentenpfarrer an einer berühmten Universität zum Beispiel oder als Mitarbeiter des Bischofs bei der Vorbereitung eines Kirchen- oder Weltjugendtags oder auch als Theologieprofessor, der vielleicht schon zwei oder drei aufsehenerregende Bücher geschrieben hat. Keine Romane selbstverständlich, sondern Werke, die sich mit der Kirche und dem Glauben beschäftigen.

Die zweite Etappe – vom Priester zum Bischof

Nehmen wir an, es ist dir tatsächlich gelungen, aufzufallen. Dann kann es sein, dass du eines Tages zum **Weihbischof** geweiht wirst. Das ist zwar ein großer Schritt nach oben, aber die Sache hat einen Haken, denn ein Weihbischof ist kein ganz echter Bischof.

Zu jedem Bischof gehört nämlich ein **Bistum** (auch **Diözese** genannt), gewissermaßen ein eigenes kleines Königreich aus vielen Kirchengemeinden, für das er dem Papst gegenüber verantwortlich ist. Ein Weihbischof aber hat kein eigenes Bistum. Das heißt, er hat schon ein Bistum, aber dieses Bistum existiert nicht mehr. Es ist ein Bistum, das es vor vielen Jahrhunderten einmal gab, irgendwo in Nordafrika oder im Vorderen Orient, das aber längst untergegangen ist und nur noch im langen Gedächtnis der Kirche weiterbesteht.

Als Weihbischof würdest du also ein solches Fantasiebistum zugewiesen bekommen, hast damit aber in Wirklichkeit keinen eigenen Aufgabenbereich und musst dich damit begnügen, dem Bischof deiner Diözese als Mitarbeiter zur Verfügung zu stehen – jedenfalls so lange, bis dein eigentliches Bistum in Nordafrika oder im Vorderen Orient wiederhergestellt ist. Das kann dauern, und in der Zwischenzeit besteht die Gefahr, dass du in Vergessenheit gerätst. Dass du auf einem Abstellgleis landest. Da wäre es klüger, gleich ein richtiger Bischof zu werden. Aber wie?

Alles kommt darauf an, dass dein Name auf der Liste des Domkapitels auftaucht, wenn der alte Bischof zurücktritt oder stirbt. Auf dieser Liste muss dein Name stehen. Das **Domkapitel** ist nämlich der engste Beraterstab eines Bischofs, und diese Leute beschäftigen sich schon seit Längerem mit der Frage: Wer hat das Zeug dazu, Nachfolger unseres Bischofs zu werden? Und wer würde zu unserem Bistum passen?

Da kursieren dann viele Namen – die Namen von einfachen Priestern, von Bischöfen anderer Diözesen, auch von Theologieprofessoren –, aber am Ende bleiben nur drei übrig. Diese Liste mit den drei Namen nun geht nach Rom, das heißt, sie wird dem päpstlichen Nuntius in Berlin übermittelt, und der reicht sie an die Bischofskongregation im Vatikan weiter.

Natürlich wäre es für dich von Vorteil, wenn der Nuntius deinen Namen vorher schon einmal in einem seiner Berichte lobend erwähnt hätte. Und sicher würde es deine Chancen erhöhen, wenn du auf einer früheren Romreise bereits persönlich bei der Bischofskongregation vorbeigeschaut und einen angenehmen Eindruck hinterlassen hättest. Aber all dies würde nichts nützen, wenn der Papst dich für ungeeignet hält und deinen Namen streicht. Denn wie du mittlerweile weißt: Der Papst hat auch in dieser Angelegenheit das letzte Wort.

Wenn das Domkapitel Glück hat, entscheidet sich der Papst für einen dieser drei Kandidaten. Wenn es aber Pech hat, verwirft er alle drei, weil er keinem zutraut, ein guter Bischof zu werden. Dann schickt er die Liste zurück und das Domkapitel muss eine andere Liste aufstellen.

Manchmal geschieht es, dass sich Papst und Domkapitel überhaupt nicht einigen können, dann setzt sich am Ende der Papst durch und bestimmt einfach, wer neuer Bischof wird. Man darf allerdings davon ausgehen, dass vorher hinter den Kulissen kräftig gemauschelt und gehandelt wird, da geht es ja auch um Sympathien und Antipathien, und wenn dein eigener Name auf der Liste stehen sollte, dann mauschelst und handelst du kräftig mit.

Irgendwann steht der Nachfolger des alten Bischofs fest – sei es, dass der Papst ein Machtwort gesprochen hat, sei es, dass das Domkapitel genau seinen Geschmack getroffen hat –, und damit ist klar: Du hast es geschafft, du bist Bischof geworden. Gratuliere! Aber bist du deinem Traum, Papst zu werden, damit wirklich näher gekommen?

Natürlich ist es schon etwas, zu den rund viertausend Bischöfen dieser Welt zu gehören. Und die Arbeit eines Bischofs unterscheidet sich auch deutlich von der eines einfachen Priesters. Ein Bischof ist fast so etwas wie ein Manager, eine Art geistlicher Konzernchef. Er hat den großen Verwaltungsapparat des Generalvikariats zu leiten, das sich etwa um die kirchlichen Krankenhäuser und Kindergärten kümmert, das Personal einsetzt und beaufsichtigt, also im Grunde dafür sorgt, dass die Kirchensteuer, die ein Bistum einnimmt, sinnvoll ausgegeben wird.

Er beaufsichtigt außerdem die Gemeinden seines Bistums, besucht sie auch der Reihe nach und nimmt sich der Streitfälle sowie aller anderen Probleme an. Und wenn eine Kirche irgendwo in seinem Bistum hundert Jahre alt wird, dann folgt er (wahrscheinlich mit einem kleinen Seufzer) der Einladung zum Festgottesdienst, weil er weiß: Sein Erscheinen verleiht diesem Ereignis erst den richtigen Glanz. Und ein bisschen Starkult gehört eben doch dazu, auch in der katholischen Kirche. Also, ein Bischof stellt schon etwas dar.

Dennoch, von einem Bischofsstuhl bis zum Heiligen Stuhl ist es immer noch ein weiter Weg. Und ob es für dich überhaupt weitergeht, das kommt auch diesmal wieder ganz darauf an. Nämlich darauf, wo du Bischof geworden bist. In welcher Diözese. Solltest du Bischof von Eichstätt, Osnabrück oder Görlitz geworden sein, sind deine Chancen, Papst zu werden, offen gesagt schlecht. Solltest du aber Bischof von München, Köln oder Hamburg geworden sein, darfst du dir weiterhin Hoffnungen machen. Eichstätt, Görlitz und Osnabrück gehören nämlich zu den zwanzig gewöhnlichen Bistümern in Deutschland, während München, Köln und Hamburg zu den sieben deutschen Erzbistümern zählen.

Das ist ein großer Unterschied. **Erzbistümer** sind bedeutender als normale Bistümer oder haben in der Geschichte eine besondere Rolle gespielt, und nur die Bischöfe von Erzbistümern, also die Erzbischöfe, haben reelle Aussichten darauf, Kardinal zu werden. Und darauf käme es als Nächstes an. Der Rang eines Kardinals ist nämlich die notwendige Voraussetzung dafür, als Kandidat für den Heiligen Stuhl überhaupt in Betracht zu kommen.

Die dritte Etappe – vom Bischof zum Kardinal

Wie aber wird man Kardinal?

Durch die Gunst des Papstes, lautet die Antwort. Allein durch die Gunst des Papstes. Du selbst hast praktisch keinen Einfluss darauf. Einmal in jedem Jahr bestimmt der Papst neue Kardinäle für diejenigen, die unterdessen gestorben sind, und vervollständigt so die vorgeschriebene Zahl von hundertzwanzig. Zwar gibt es Erzbistümer, die seit alters her ein Anrecht auf den Kardinalstitel haben, Erzbistümer wie Köln und München in Deutschland zum Beispiel oder Paris, Madrid und Venedig im europäischen Ausland. Aber davon abgesehen hat der Papst ziemlich freie Hand, sich unter den Erzbischöfen dieser Welt seine Favoriten auszuwählen. Neuerdings können allerdings auch verdiente Theologen Kardinal werden, es gibt also auch Kardinäle ohne Bischofsstuhl; doch das nur nebenbei, das kommt selten vor.

Nehmen wir also an, du hättest das Glück gehabt, zum **Kardinal** ernannt zu werden und deine violette Amtstracht gegen eine purpurrote eintauschen zu dürfen. Worin bestände jetzt deine Aufgabe?

Schauen wir uns das Wort »Kardinal« einmal an. Es kommt aus dem Lateinischen, nämlich von »cardo«, was Türangel heißt. In einem übertragenen Sinne bilden die Kardinäle also das Scharnier zwischen dem Papst und dem Rest der Kirche. Mit anderen Worten: Sie sind seine Stellvertreter. Unter ihnen sucht er sich seine engsten Mitarbeiter aus. Und nur sie haben das Recht, einen neuen Papst zu wählen. Kurzum: Der Kardinal ist die letzte Vorstufe zum Papst.

Es kann nun durchaus sein, dass dich der Papst nach Rom ruft, weil er dich als Chef einer Kongregation oder als Vorsitzenden eines Gerichtshofs oder als Berater braucht. In diesem Fall gibst du dein Bistum auf, ziehst nach Rom, nimmst im Vatikan Quartier und befindest dich zumindest schon mal in nächster Nähe des Papstes. Es kann auch sein, dass der Papst dich zum Nuntius macht und mit diplomatischen Aufgaben in irgendeiner Hauptstadt der Welt betraut. Es kann aber auch sein, dass er gar nichts von dir will und du einfach weiterhin dein Bistum leitest wie bisher und nur ein einziges Mal in Rom gebraucht wirst, nämlich nach dem Tod des Papstes zur Wahl eines neuen.

Für deine Zwecke wäre es, unter uns gesagt, übrigens gar nicht schlecht, in stürmischer Zeit zu leben. Als päpstlicher Nuntius zum Beispiel. In irgendeinem Teil der Welt, in dem sich etwas zusammenbraut. Da könntest du dich unentbehrlich machen, weil es plötzlich um Krieg und Frieden geht oder um das Wohl und Wehe vieler Christen und alles auf deine kluge Verhandlungsführung und deine Unerschrockenheit ankäme. Mancher spätere Papst hat sich auf diese Weise vorher bewährt.

Pius XI. beispielsweise war vor seiner Wahl Nuntius in München gewesen, und zwar in den turbulenten Zwanziger- und Dreißigerjahren des letzten Jahrhunderts, als die Nationalsozialisten in Deutschland an die Macht kamen. Johannes XXIII. war in den schwierigen Zeiten gleich nach dem Zweiten Weltkrieg Nuntius in Paris gewesen. Und Johannes Paul II. hatte als Erzbischof von Krakau durch die Furchtlosigkeit auf sich aufmerksam gemacht, mit der er den christenfeindlichen kommunistischen Machthabern seines Heimatlandes Polen entgegengetreten war.

Unerschrockenheit und diplomatisches Geschick – beides sollte einen Papst auszeichnen, beides würde deshalb einen bleibenden Eindruck auf deine Kardinalskollegen machen. Schließlich muss man nicht nur als Priester, man muss auch noch als Kardinal auffallen, wenn man Papst werden will.

Letztendlich aber wäre doch alles vergeblich gewesen, wenn der amtierende Papst nicht rechtzeitig stirbt. Als Kardinal bleiben dir vielleicht noch zwanzig Jahre bis zu deiner Pensionierung, denn mit achtzig ist Schluss, mit achtzig verlierst du das Recht, an einer Papstwahl teilzunehmen. Innerhalb dieser Frist also müsste der Heilige Stuhl frei werden. Aber zwanzig Jahre sind eine lange Zeit, viele Päpste haben deutlich kürzer regiert, und deshalb könnte es durchaus sein, dass du auch den letzten Schritt noch schaffst ...

11. Streng geheim – das Konklave

Einen Karriereweg haben wir bisher außer Acht gelassen; er soll kurz nachgetragen werden, bevor wir zur Wahl eines neuen Papstes kommen. Es ist der Weg, der über ein Kloster führt. Auch Mönche haben nämlich die Möglichkeit, Papst zu werden, und in der Vergangenheit sind immer wieder Mönche, vor allem Benediktiner, Päpste geworden.

Gerade in den großen Krisen der Kirche hat man alle Hoffnung auf die Mönche gesetzt, weil man sicher sein konnte: In den Klöstern wird das Christentum ernster genommen als außerhalb der Klostermauern. Klöster sind Kraftquellen. Und wenn die ganze Kirche sich zu verlieren drohte, bildeten die Mönchsorden immer noch eine geistige und moralische Macht.

Außerdem besaßen die Mönche etwas, das zur Grundausstattung eines jeden Papstes gehören sollte: den weiten, europäischen oder gar globalen Blick. Während hochrangige Kirchenmänner oftmals im Dienst eines Herrschers standen und ganz einseitig die Politik des französischen Königs oder des deutschen Kaisers unterstützten, handelten die Orden wie echte internationale Organisationen, ohne Rücksicht auf Landesgrenzen und nationale Interessen. Ein Mönch, der Papst wurde, brachte gewissermaßen die Erfahrung eines, ja, heute würde man sagen: eines Global Players mit.

Aber natürlich muss man auch als Mönch erst einmal innerhalb seines Ordens aufsteigen, um eine realistische Chance zu haben. Das sähe dann so aus:

Du trittst in ein Kloster oder einen Orden ein und bist zunächst einfacher Mönch. Wenn man dir zutraut, das ganze Kloster zu leiten, wirst du irgendwann zum Abt gewählt, und später vielleicht sogar zum Ordensgeneral oder **Abtprimas**, also zum Chef des gesamten Ordens mit seinen über den ganzen Erdball verstreuten Klöstern und Einsatzorten. Das ist eine ausgesprochen verantwortungsvolle Aufgabe, und jetzt kann es sein, dass ein Domkapitel sagt: Diesen Mann wollen wir als neuen Bischof haben. Er hat internationale Erfahrung und eine souveräne Art, Probleme zu lösen, jemanden wie ihn könnten wir brauchen.

Für den Fall, dass auch der Papst damit einverstanden wäre, würdest du dann zwar Mönch bleiben, aber dein Kloster verlassen und gegen den Amtssitz eines Bischofs eintauschen und hättest ebenfalls die Aussicht, später Kardinal und sogar Papst zu werden. In außereuropäischen Ländern übrigens kommt ein solcher Wechsel vom Kloster auf den Bischofsstuhl häufig vor, denn dort gelten Äbte als besonders zuverlässige und glaubensfeste Christen und deshalb auch als ideale Bischöfe.

Nun muss man sagen: Bis vor wenigen Jahrzehnten hättest du als Deutscher überhaupt keine Chance gehabt, Papst zu werden. Von 1553 bis 1978 wurden nämlich ausschließlich Italiener gewählt. Der letzte deutsche Papst, Hadrian VI., war gleichzeitig der letzte nichtitalienische Papst für über vierhundert Jahre.

Wie fest der Heilige Stuhl früher in italienischer Hand war, das zeigt ein Blick auf die Liste sämtlicher Päpste bis 1978: Demnach waren vierzehn von ihnen Griechen, acht kamen aus Syrien und drei aus Nordafrika (nämlich in der Anfangszeit des Papsttums, als die großen Theologen noch im östlichen Mittelmeerraum zu Hause waren). Sechs waren Deutsche, zwei waren Spanier und je einer kam aus England und aus Österreich. Immerhin neunzehn Päpste waren Franzosen (was sich vor allem dadurch erklärt, dass in Avignon überhaupt nur Franzosen zum Zuge kamen) – aber sage und schreibe zweihundertfünf Päpste stammten aus Italien!

Für dieses italienische Übergewicht gibt es einen einfachen Grund: Über viele Jahrhunderte hinweg stellten die Italiener den Großteil der Kardinäle. Italien besitzt nämlich etwa die Hälfte aller Erzbistümer weltweit, buchstäblich jede größere Stadt Italiens nennt einen Bischof oder Erzbischof mit einer wunderschönen Kathedrale ihr Eigen und folglich konnten die Italiener auch stets Heerscharen von Kardinälen aufbieten.

Erst Papst Paul VI. (1963-1978), selbst ein Italiener, ist dagegen eingeschritten. Er hat die Zahl der italienischen Kardinäle reduziert und die Gesamtzahl der Kardinäle von siebzig auf hundertzwanzig erhöht, weil er Bischöfe aus aller Welt in diesen exklusiven Kreis aufnehmen wollte, also auch Bischöfe aus Afrika, Asien und Amerika, die bis dahin in der Kirche kaum etwas zu sagen hatten. Ihm ist es zu verdanken, dass die Übermacht der Italiener gebrochen und der Einfluss der Europäer überhaupt beschnitten wurde und die Kirchenführung einen internationalen, multikulturellen Charakter bekam.

Prompt wurde 1978 ein Nicht-Italiener gewählt, der Pole Johannes Paul II. Für die Kirche ist damit ein neues Zeitalter angebrochen. So bald wird kein Italiener mehr eine Chance haben – die Auswahl ist heute einfach zu groß: Mittlerweile stammt nur noch eine Minderheit von zwanzig Kardinälen aus Italien, die restlichen hundert setzen sich aus Angehörigen von über fünfzig Nationen zusammen.

Umso besser für dich. Deine Staatsangehörigkeit ist kein Hindernis mehr. Aber eine letzte Hürde gilt es noch zu nehmen: das **Konklave**. Wie geht es also weiter, nachdem die Welt von dem verstorbenen Papst Abschied genommen hat und die von allen Kontinenten angereisten Kardinäle im Gästehaus des Vatikans Quartier bezogen haben?

Kardinäle im Ausnahmezustand

Das Konklave ist sicher eines der geheimnisvollsten Rituale der Menschheit. Geheimnisvoll ist ja schon das Wort selbst, das übersetzt »mit dem Schlüssel« heißt und dadurch auch nicht verständlicher wird, solange man nicht weiß, dass die Kardinäle in früherer Zeit tatsächlich eingesperrt wurden, wenn sie zur Papstwahl zusammenkamen. Es war nämlich oft genug vorgekommen, dass die Kardinäle endlos diskutierten und sich dennoch auf keinen Kandidaten einigen konnten und jahrelang so weitergestritten hätten, wenn man ihnen das Leben nicht ein bisschen schwerer gemacht hätte. Also wurden sie alle zusammen in einen Raum eingeschlossen und nötigenfalls auf Brot und Wasser gesetzt, um ihrer Entschlussfreudigkeit nachzuhelfen.

Manchmal nützte auch das nichts, und dann konnte es geschehen, dass sich ein Konklave über viele Monate hinzog – oder sogar über volle drei Jahre, wie 1271. Diese wilden Zeiten sind längst vorbei. Ein kurzes Konklave von wenigen Tagen ist heute üblich, aber eingesperrt werden die Kardinäle immer noch.

Und für die Dauer eines Konklaves bleibt nichts dem Zufall überlassen. Alles spielt sich nach Regeln ab, die jeden Schritt bis ins kleinste Detail hinein festlegen. Es beginnt damit, dass Handwerker die Sixtinische Kapelle für das Konklave herrichten. Sie ist der traditionelle Ort der Papstwahl, und man könnte sich kaum einen schöneren vorstellen, denn der weite, hohe Raum dieser Kapelle ist über und über bemalt

mit Szenen aus der Bibel und einem großen, bunten Gewimmel heiliger Figuren – alles die Werke großer Künstler wie Michelangelo zum Beispiel.

In einer Ecke dieses fantastischen Saals installieren die Handwerker des Vatikans nun zwei Kanonenöfen und schließen sie an ein langes Ofenrohr an, das unter dem Dach der Sixtinischen Kapelle ins Freie ragt. Techniker suchen derweil Decke und Wände der Kapelle nach versteckten Abhörgeräten ab, um einen Lauschangriff zu verhindern, denn nichts von dem, was hier gesprochen werden wird, darf nach außen dringen. Dann werden zwei Tischreihen an den beiden Längswänden der Sixtinischen Kapelle aufgestellt, an denen sich je sechzig Kardinäle während des Konklaves gegenübersitzen werden, und alle Plätze mit Namensschildern versehen. Schließlich wird Brennmaterial bereitgestellt. Und dann können sie kommen, die Kardinäle.

Sie dürften diesen Augenblick herbeigesehnt haben. Denn seit ihrer Ankunft im Vatikan leben sie unter verschärften Bedingungen, in einem regelrechten Ausnahmezustand. Jeder Kontakt mit der Außenwelt ist ihnen untersagt. Selbst ihr Gästehaus ist für die Dauer des Konklaves für das normale Vatikanpersonal gesperrt – bedient werden sie von Mönchen. Sie dürfen keine Zeitung lesen, keine Nachrichten hören, den Fernseher nicht einschalten, keine Briefe empfangen und keine schreiben. Foto- und Filmkameras, Tonbandgeräte, Mikrofone, Handys und Computer sind verboten. Keine Nachricht darf von außen hereindringen, keine darf von innen hinausdringen. Diese Vorsichtsmaßnahmen sind notwendig, weil allzu viele nur allzu gerne bei einer Papstwahl mitreden würden. Jahrhundertelang haben weltliche Herrscher versucht, ihren Wunschkandidaten durchzusetzen, und noch 1903 schritt der österreichische Kaiser ein, um die Wahl eines bestimmten Kandidaten zu verhindern. Stets waren dabei »unheilige Erwägungen« im Spiel, nämlich politische Interessen, und die sollen das Wahlergebnis auf gar keinen Fall beeinflussen.

Aber miteinander reden dürfen die Kardinäle auf ihren Spaziergängen durch die Vatikanischen Gärten. Sich laut Gedanken über den künftigen Papst machen dürfen sie. Soll er wieder ein Europäer sein – oder diesmal endlich ein Südamerikaner? Ein bewährter Mitstreiter des alten Papstes – oder ein ganz neues Gesicht? Sollte er eine harte Linie vertreten – oder den Kritikern der Kirche entgegenkommen und die Kirche an die Verhältnisse der modernen Zeit anpassen? Will man einen scharfsinnigen Theologen auf dem Heiligen Stuhl sehen – oder einen väterlichen Typ mit der Ausstrahlung eines guten Hirten?

Wenn dann der große Moment gekommen ist und die hundertzwanzig Kardinäle im purpurroten Talar mit spitzenbesetztem, weißem Chorhemd und rotem Käppi singend in die Sixtinische Kapelle einziehen, hat sich eine Handvoll aussichtsreicher Kandidaten herausgeschält. Auf einen davon wird die Entscheidung fallen. Dann schließt sich das mächtige Eingangsportal der Kapelle hinter dem letzten Kardinal, der Schlüssel dreht sich im Schloss und die Wahl beginnt.

Eligo in Summum Pontificem

Es werden jetzt keine Reden gehalten, wie es bei politischen Wahlen üblich ist. Aber man darf sich vorstellen, dass an den langen Tischen ein Tuscheln wie in einem Klassenzimmer herrscht, wenn die Stimmzettel mit dem lateinischen Aufdruck *»Eligo in Summum Pontificem«* (zum

Papst wähle ich) ausgeteilt werden. Dann wird Stille einkehren, während jeder mit verstellter Schrift einen Namen einträgt, aufsteht, seinen Stimmzettel in die Wahlurne vorne auf dem Altar wirft und dabei sagt: *»Ich rufe Christus, der mein Richter sein wird, zum Zeugen an, dass ich denjenigen gewählt habe, von dem ich glaube, dass er nach Gottes Willen gewählt werden sollte!«*

Sobald der letzte Wähler wieder seinen Platz eingenommen hat, beginnen die drei Wahlhelfer mit der Auszählung der Stimmen, wobei sie jeden Namen laut vorlesen, und jetzt wird es spannend. Hat es einer der Favoriten geschafft, zwei Drittel der Stimmen plus eine auf sich zu vereinigen? Dann wäre die Wahl bereits nach dem ersten Durchgang zu Ende und der neue Papst stände fest. Doch das ist unwahrscheinlich, das kommt praktisch nie vor. Wahrscheinlicher ist, dass eine so deutliche Mehrheit erst mal nicht zustande kommt. Um das Verfahren abzukürzen, gilt deshalb die Regel: Führt auch der dreiunddreißigste Wahlgang zu keinem Ergebnis, reicht die Hälfte der Stimmen plus eine, um die Wahl zu entscheiden.

Und jetzt kommt der merkwürdigste Teil der Wahlprozedur. Denn nach jedem Wahlgang werden die Stimmzettel an der Stelle, wo das Wort »Eligo« steht, mit einer Nadel durchstochen, auf eine Schnur gereiht und in einem der beiden Öfen verbrannt. War die Wahl ergebnislos, geben die Wahlhelfer dem Feuer nasses Stroh oder etwas Pech bei, mit dem Ergebnis, dass das Kaminrohr draußen schwarzen Rauch ausstößt – die wartende Menschenmenge auf dem Petersplatz weiß dann, dass sie weiterhin ausharren muss.

War die Wahl jedoch erfolgreich, wird zusammen mit den Stimmzetteln trockenes Stroh verbrannt. Dann dringt weißer Qualm aus dem Kaminrohr, und in Minutenschnelle spricht es sich auf dem ganzen Erdball herum: *»Habemus papam«* – Wir haben einen Papst! Und während sich der Jubel der Menschen mit den dröhnenden Schlägen der Glocke am Petersdom mischt, versucht einer der Kardinäle drinnen, seiner Bestürzung Herr zu werden – der neue Papst.

Alles Weitere ist dir inzwischen bekannt – der Namenswechsel, der Kleidertausch im Tränensaal, der erste Auftritt auf dem Balkon des Petersdoms. Was in unserer Aufzählung der ersten Schritte im Leben eines Papstes noch fehlt, ist der feierliche Einführungsgottesdienst im Petersdom.

In den alten Zeiten wurde der Auftakt zur Amtszeit eines neuen Papstes als glanzvolles Fest begangen, bei dem der Heilige Vater auf seinem Tragethron, die Tiara auf dem Kopf, in einer feierlichen Prozession über den Petersplatz getragen wurde. Damals wurden bei dieser Gelegenheit drei Heuhaufen abgebrannt, an denen der Papst vorübermusste. Das waren Sinnbilder der Vergänglichkeit mit einer unmissverständlichen Botschaft: Bleib auf dem Boden, lass dich von all dem Pomp nicht blenden, vergiss nie, dass du mit allen Menschen das gleiche Schicksal teilst, dereinst zu Staub zu zerfallen!

Heute wird bei der Einführung eines Papstes nicht mehr ganz so viel Aufwand betrieben und auch die brennenden Heuhaufen sind leider abgeschafft worden. Aber vielleicht haben die Päpste der Gegenwart diese Ermahnung tatsächlich nicht mehr nötig. Sie sind ja ohnedies bescheidener geworden.

12. Der päpstliche Hofstaat – die Kurie

Jedes Mal wenn ein Papst stirbt, steht die katholische Welt für eine kleine Weile still. Der Fischerring des alten Papstes wird zerschlagen, seine Ära ist zu Ende und eine neue bricht an. Der Wechsel auf dem Heiligen Stuhl ist ein tiefer Einschnitt ins kirchliche Leben – wie tief, das sieht man auch daran, dass mit dem Tod eines Papstes alle päpstlichen Ämter erlöschen. Mit anderen Worten: Das gesamte Führungspersonal der vatikanischen Behörden tritt zurück, und selbst die Ordensfrauen, die dem Papst jahre- oder jahrzehntelang den Haushalt geführt haben, packen ihre Koffer und fahren in ihre Heimat zurück.

Auf dich als Papst kommt nun die Aufgabe zu, alle wichtigen Posten neu zu besetzen. Da kann ein kleiner Rundgang durch den komplizierten vatikanischen Staatsapparat nicht schaden – schließlich solltest du wissen, was die einzelnen Behörden und Gerichte treiben, bevor du dir deine neue Mannschaft zusammenstellst.

Zum Vatikan gehören drei Gerichtshöfe, neun Kongregationen, elf päpstliche Räte und sechs Kommissionen. Dazu kommen Einrichtungen wie der vatikanische Rundfunk, die Zeitung des Vatikans und die Schweizergarde, die Privatarmee des Papstes. Alle Behörden und Dienststellen zusammengenommen bilden die **Kurie**. Damit war ursprünglich der päpstliche Hofstaat gemeint, also eine Gruppe von Priestern und Bischöfen, die dem Papst bei seinen Verwaltungsaufgaben zur Seite standen oder als seine Gesandten und Sonderbeauftragten Europa bereisten.

Aus diesem Hofstaat hat sich im Lauf der Zeit ein bürokratisches Ungetüm entwickelt, an dem vor allem zwei Merkmale ins Auge springen. Erstens: Es ist so international wie die Vereinten Nationen in New York. Und zweitens: Es arbeitet ungeheuer gründlich und darum auch meist ungeheuer langsam. Was nicht weiter schlimm ist, weil die Kirche sowieso nicht mit der Zeit geht.

Dir dürfte allerdings zunächst einmal etwas anderes auffallen: Diese Behörden sind zum großen Teil gar nicht im Vatikan selbst untergebracht. Sie sind über die Innenstadt von Rom verteilt. Im Vatikan wäre überhaupt kein Platz, wenn man die Vatikanischen Gärten nicht opfern wollte, und in Rom findet sich durchaus der eine oder andere Palast, der mit der notwendigen Pracht aufwarten kann. Überhaupt ist der Vatikan um einiges größer als der ummauerte Bezirk des Vatikanstaates, weil nämlich auch drei der bedeutendsten und ältesten Kirchen Roms dazugehören sowie etliche Universitäten, zwei Krankenhäuser und, nicht zu vergessen, die päpstliche **Sternwarte** in Castel Gandolfo.

Richtig, eine Sternwarte. Wahrscheinlich sogar die älteste Sternwarte der Welt. Denn die Päpste stehen zu Unrecht in dem Ruf, scharfe Gegner der modernen Naturwissenschaften gewesen zu sein. Das erste Himmelsfernrohr wurde bereits 1578 von Papst Gregor XIII. im Vatikan installiert, und zwar als Arbeitsgerät jener Astronomen, die in seinem Auftrag die große Kalenderreform vorbereiteten. Von hier aus studierten sie die Bewegung der Planeten, hier sammelten sie die astronomischen Daten, die unserer Zeitrechnung bis heute zugrunde liegen. Der gregorianische Kalender stellt eine große, naturwissenschaftliche Leistung dar, die nur mit der Unterstützung der Kirche möglich war.

Vierhundert Jahre später zweckentfremdete Papst Leo XIII. das Fernrohr dieser Sternwarte, um seine Neugier zu befriedigen. In jenen

Tagen verstanden sich die Päpste als freiwillige Gefangene des Vatikans, Rom war für sie feindliches Ausland, aber was sich dort tat, ließ Papst Leo nun auch wieder keine Ruhe, weshalb er die Vorgänge in der Stadt durch ebendieses Fernrohr verfolgte. 1935 zog die päpstliche Sternwarte nach Castel Gandolfo um, weil man an ihrem alten Standort Himmelskörper nicht mehr gut beobachten konnte – die Luftverschmutzung in der italienischen Hauptstadt trübte auch die Atmosphäre über dem Vatikan, und die Straßenbeleuchtung Roms überstrahlte des Nachts den schönsten Sternenhimmel.

Die Kongregationen

Doch zurück zur Kurie. Einige der Kongregationen, also der päpstlichen Ministerien, kennen wir ja schon: die Kongregation für die Glaubenslehre und die für die Bischöfe. Kurzbesuche lohnen sich aber auch bei drei weiteren Kongregationen, zum Beispiel bei der **Kongregation für das geweihte Leben**.

Was hat es damit auf sich? Ganz einfach: Diese Kongregation führt die Oberaufsicht über sämtliche Orden, also über die rund eine Million christlicher Mönche und Nonnen weltweit.

Außer den großen, alten Orden der Benediktiner, der Franziskaner und der Dominikaner gibt es noch zahllose andere, kleinere Orden, Orden mit seltsamen Namen wie »Schwestern vom armen Kinde Jesu« oder »Missionare vom kostbaren Blut« oder »unbeschuhte Karmeliten«, auch Barfüßermönche genannt. Viele dieser Orden sind erst im 19. Jahrhundert gegründet worden, um dem Elend der europäischen Arbeiter in der Zeit der Industrialisierung abzuhelfen. Und viele von ihnen betreiben heute noch Schulen, Krankenhäuser und Ausbildungsstätten dort, wo die Not am größten ist, also in den Millionenstädten Südamerikas, Afrikas und Südostasiens oder in den armen, ländlichen Regionen der Dritten Welt.

Alle diese Orden, die traditionsreichen wie die aus jüngerer Zeit, leisten der Menschheit wertvolle Dienste. Sie sind auch praktisch unersetzlich, weil sich weltliches Personal niemals so mit Leib und Seele für eine gute Sache engagieren würde, wie Mönche und Nonnen das tun, so selbstlos, so aufopferungsbereit. Diese Ordensleute sind moderne christliche Helden, aber sie haben ein großes Problem: Wer will heute noch Mönch oder Nonne werden? In Europa und Nordamerika gibt es kaum noch junge Menschen, die dem Ordensleben etwas abgewinnen können. Es mangelt an Nachwuchs, die Orden schrumpfen, die einzelnen Gemeinschaften werden immer kleiner und sind mit ihrer Arbeit oft überfordert.

Die Kongregation für das geweihte Leben hilft den Orden, ihre Schwierigkeiten zu meistern. Sie versucht auch zu vermitteln, wenn sich Klostergemeinschaften mit ihren Äbten oder Äbtissinnen überworfen haben und Kleinkrieg im Kloster herrscht. Und sie unterstützt die Orden, wenn ein Kloster nicht mehr lebensfähig ist und aufgelöst werden muss. Was hier an Arbeit anfällt, ist von einem Schreibtisch im Vatikan aus gar nicht zu bewältigen, da geht es um menschliche Schicksale und die Zukunft ganzer Klöster, weshalb sich Schwester Enrica Rosanna immer wieder auf Reisen begibt (du erinnerst dich: die erste Frau in der Geschichte des Vatikans, die eine hohe Führungsposition innehat). Oftmals helfen dann nur lange, persönliche Gespräche, und das ist wohl der Grund dafür, dass Benedikt XVI. sich entschlossen hat, eine Frau an die Spitze dieser Kongregation zu berufen: Er traut Schwester Rosanna die Arbeit des Tröstens, Aufmunterns und Überzeugens eher zu als einem Mann.

Und was tut die **Kongregation für die Evangelisierung der Völker.** Der Name spricht für sich: Offenbar geht es hier um Mission. Aber was bedeutet das heute eigentlich? Wie betreibt man im 21. Jahrhundert Mission? Viele sehen bei diesem Wort vermutlich immer noch einen Mönch vor sich, der mit erhobenem Zeigefinger und donnernder Stimme auf ein Häufchen verschreckter Germanen oder Indianer einpredigt. Aber dieses Bild hat wahrscheinlich nie der Wirklichkeit entsprochen. Denn durch Reden und Predigen allein sind Menschen viel schwerer fürs Christentum zu gewinnen, als wenn man ihnen zeigt, was dahintersteckt. Was es mit der christlichen Moral, mit der Nächstenliebe auf sich hat und wie sich das Christentum im alltäglichen Leben auswirkt. Menschen lassen sich eher durch Taten überzeugen als durch Worte, und genau das haben die katholischen Missionare beherzigt, als sie Ende des 19. Jahrhunderts nach Afrika gingen oder zu Beginn des 20. Jahrhunderts in China arbeiteten. Ihre Missionsstationen bestanden nicht nur aus Kirchen und Wohngebäuden, sondern auch aus Schulen und Krankenhäusern, aus Werkstätten und landwirtschaftlichen Gütern. Missionare waren die ersten Entwicklungshelfer, und bis heute leisten sie wichtige Aufbauarbeit – gerade unter Völkern, die von ihren eigenen Regierungen unterdrückt oder vernachlässigt werden. Die Kongregation für die Evangelisierung der Völker beaufsichtigt und koordiniert diese Missionsarbeit.

Und als drittes Beispiel die **Kongregation für die Selig- und Heiligsprechungen.** Sie ist eine der ältesten und sicherlich eine der geheimnisvollsten Kongregationen. 1588 wurde sie ins Leben gerufen. Aber schon Jahrhunderte früher ließen die Päpste umfangreiche Sammlungen von Zeugenberichten und Dokumenten anlegen, um ein möglichst vollständiges Bild vom Leben derjenigen Männer und Frauen zu gewinnen, die ihren Glauben besonders ernst genommen hatten und als leuchtende Vorbilder infrage kamen. Als beeindruckende Beispiele dafür, wie leidenschaftlich man Gott dienen kann. Als Heilige eben.

Dabei war die Heiligenverehrung gar keine Erfindung der Päpste. Sie hatte sich spontan entwickelt, in jener Anfangszeit, als es noch lebensgefährlich war, Christ zu sein. Damals brauchten die Gemeinden dringend Vorbilder für Unerschrockenheit und Todesverachtung, für christliches Heldentum sozusagen, und da waren es die Märtyrer, die man als Heilige verehrte, weil sie den Lebenden Mut machten, durchzuhalten.

Damals wurde niemand offiziell heiliggesprochen – die Verehrung machte den Heiligen, nicht der Papst. Im Grunde hat sich bis heute daran nichts geändert – immer noch gibt die Verehrung durch das einfache Kirchenvolk den Anstoß zu einer Heiligsprechung, und immer noch haben es Märtyrer leichter als andere, in die Liste der Heiligen aufgenommen zu werden. Nur dass die Päpste seit Langem die Kontrolle übernommen haben und allen Fällen möglicher Heiligkeit gründlich nachgehen, um auszuschließen, dass an der Sache etwas faul ist. Wir würden sonst auch von Heiligen überschwemmt. Der Kongregation für die Selig- und Heiligsprechungen liegen nämlich jederzeit an die zweitausend Anträge auf Heiligsprechung vor, da muss man aussieben, damit die wirklich großen Heiligen nicht in der Masse der kleinen Heiligen untergehen.

Deshalb wird gegen jeden Kandidaten ein regelrechtes Ermittlungsverfahren eröffnet. Wie bei einem Strafgerichtsprozess, mit Staatsanwalt und Richter. Als ginge es darum, einen Kriminalfall aufzuklären, wird sein ganzes Leben noch einmal aufgerollt und durchleuchtet. Zeugen werden verhört, Dokumente wie private Briefe oder Tagebücher studiert und Gutachten erstellt. Mit jedem einzelnen Fall beschäftigt sich ein Forscherteam aus Historikern, Theologen und Medizinern, und zwar oft jahrelang. Die ganze Wahrheit über einen Menschen soll ans Licht. Hat er wirklich die Wunder vollbracht, von denen seine Anhänger zu berichten wissen? Denn zwei oder drei Wunder müssen nachgewiesen werden, die sind Bedingung für eine Heiligsprechung – jedenfalls bei Menschen, die nicht als Märtyrer für ihren Glauben gestorben sind.

Meist handelt es sich bei den berichteten Wundern um unerklärliche Heilungen, deshalb nehmen erst einmal Ärzte die Krankheitsgeschichte des Geheilten unter die Lupe – wäre er nicht auch ohne dieses Wunder wieder gesund geworden? Steht man hier tatsächlich vor einem Rätsel? Erst wenn die Mediziner keine Erklärung dafür finden, gilt ein Wunder als wissenschaftlich bewiesen. Und wenn sich schließlich auch noch der Papst von den Vorschlägen der Kongregation für die Selig- und Heiligsprechungen überzeugen lässt, endet das Untersuchungsverfahren mit einem großen Fest: Der Papst verkündet feierlich die Namen der neuen Heiligen, und Zehntausende auf dem Petersplatz singen und jubeln dazu.

Nebenbei gesagt: Kein Papst hat auch nur annähernd so viele Menschen zu Heiligen gemacht wie Johannes Paul II.: vierhundertachtzig Männer und Frauen – weit mehr als sämtliche Päpste der letzten vierhundert Jahre zusammengenommen! Auf Märtyrer hat er dabei besonders großen Wert gelegt und deshalb vor allem Opfer des deutschen Nationalsozialismus zu Heiligen erklärt sowie Priester, Mönche und Nonnen, die im Spanischen Bürgerkrieg (1936-1939) von den Kommunisten ums Leben gebracht wurden.

Wenn du als Papst dennoch weitere Heiligsprechungen vornehmen möchtest, solltest du auf eine globale Mischung achten. Gerade die jungen Kirchengemeinden in Afrika und Asien wünschen sich Heilige, die ihrer eigenen Kultur entstammen und mit ihrer eigenen Geschichte zu tun haben, Heilige also, die sie eher nachahmen können als europäische Märtyrer.

Im Übrigen lässt die Kirche meist eine längere Zeit verstreichen, bevor sie Menschen zu Heiligen erklärt; sie wartet gerne ab, ob die Verehrung von Dauer ist oder nur ein Strohfeuer war. Die französische Nationalheilige Jeanne d'Arc (1412-1431) zum Beispiel wurde erst fünfhundert Jahre nach ihrem Tod heiliggesprochen.

Eine Armee wie aus einem Kostümfilm

Was fehlt noch? Richtig – die Gerichtshöfe, die Kommissionen und die Räte. Hier reichen einige Stichworte zu deiner Information. Einige der Kommissionen haben die Aufgabe, den Papst in theologischen Fragen zu beraten. Andere kümmern sich um den Erhalt der wunderbaren, alten Gotteshäuser, die im Besitz der Kirche sind, oder um die archäologischen Ausgrabungen an Orten, die für die Frühzeit des Christentums von Bedeutung sind.

Die Räte arbeiten zum Beispiel an der Verbesserung der Beziehungen zwischen der katholischen Kirche und den anderen Religionen dieser Erde. Sie pflegen besonders den sogenannten interreligiösen Dialog mit Juden und Muslimen, halten aber auch das Versöhnungsgespräch mit evangelischen und orthodoxen Christen in Gang.

Die drei **Gerichtshöfe** schließlich passen schon von ihren sonderbaren Namen her in die geheimnisvolle Welt des Vatikans. Sie heißen »Apostolische Pönitentiarie«, »Oberster Gerichtshof der Apostolischen Signatur« und »Gericht der Römischen Rota« und befassen sich natürlich mit den schwarzen Schafen unter den Bischöfen und Ordensoberen, aber auch mit Eheangelegenheiten. Wie du weißt, erlaubt die katholische Kirche keine Ehescheidung. Ehen können trotzdem von einem kirchlichen Gericht aufgelöst werden, aber nur wenn sich beweisen lässt, dass die Eheleute ihre Ehe nur zum Schein oder gegen ihren Willen eingegangen sind. Das ist schwierig zu beweisen, dafür braucht man Zeugen und solche Fälle landen bei den vatikanischen Gerichten.

So, damit wären wir am Ende unseres Rundgangs durch die vatikanischen Behörden. Es könnte jetzt ein merkwürdiger Eindruck zurückbleiben: Überall herrscht eine nüchterne und geschäftsmäßige

Betriebsamkeit, doch gleichzeitig hat alles einen irgendwie unwirklichen, überirdischen Anstrich, so als ginge es hier nicht mit irdischen Dingen zu. Und das stimmt ja auch. Der Vatikan ist zwar wie ein Staat organisiert, aber er ist kein Staat. Er ist die Zentrale einer geistigen Weltmacht. Da braucht es keinen zu wundern, wenn selbst die Armee des Vatikans so wirkt, als wäre sie nicht ganz von dieser Welt – so hübsch, so harmlos, so dekorativ.

Da stehen sie und bewachen die Eingänge des Vatikans und sehen aus, als wären sie von einem Märchenschloss in *Disneyland* ausgeborgt: die Soldaten der **Schweizergarde** mit ihren luftigen, gelb-rot-blauen Uniformen, mit ihren Eisenhelmen und ihren gezackten Hellebarden.

Einen Krieg könnte man mit ihnen nicht gewinnen, so viel steht fest, aber das sollen sie auch gar nicht. Sie sollen Leib und Leben des Papstes schützen, auch unter Einsatz ihres eigenen Lebens, und das hat die kleinste, älteste und berühmteste Armee der Welt in ihrer fünfhundertjährigen Geschichte tatsächlich oft genug getan. Am 6. Mai 1527 zum Beispiel, als die Landsknechte des deutschen Kaisers Karl V. Rom plünderten und auch den Vatikan angriffen. Hundertvierundsiebzig Gardisten ließen damals ihr Leben, aber den restlichen zweiundvierzig gelang es im letzten Moment, den Papst in Sicherheit zu bringen.

Überflüssig sind sie auch heute nicht, denn ein Papst lebt, wie alle Großen dieser Erde, gefährlich. Die letzten Attentate liegen noch gar nicht so lange zurück: 1970 wurde Paul VI. in der philippinischen Hauptstadt Manila von einem Mann angegriffen, der sich als Priester verkleidet hatte und mit einem Messer auf ihn losging. Und 1981 wurde Johannes Paul II. inmitten der Menschenmenge auf dem Petersplatz von mehreren Schüssen aus der Pistole eines türkischen Attentäters niedergestreckt.

Wann immer ein Papst den Vatikan verlässt, übernehmen deshalb Schweizergardisten seinen Schutz, dann allerdings unauffällig gekleidet, in Zivil und mit modernen Schusswaffen ausgerüstet. Im Vatikan selbst aber ist ihnen das Tragen von Handfeuerwaffen verboten, und wenn sie in den Vatikanischen Gärten den Nahkampf trainieren, wenn sie sich hinter dem Sessel des Papstes als Thronwache aufbauen, wenn sie des Nachts vor seinen Gemächern im Apostolischen Palast Wache stehen, dann geschieht das wie vor fünfhundert Jahren mit Schwert und Hellebarde. Im Ernstfall würde der Vatikan also von Männern verteidigt, die in jedem Kostümfilm mitspielen könnten.

Und nach wie vor müssen die hundertzehn Soldaten der Schweizergarde echte Schweizer sein. So schnell ändert man im Vatikan eben nichts, und damals, im Jahr 1506, als Papst Julius II. sich diese Leibgarde anschaffte, galten Schweizer Söldner tatsächlich als die tapfersten in Europa. Ihre prachtvollen, bunten Uniformen hingegen sind zwar originell, aber nicht echt. Sie wurden erst im Jahr 1920 von einer fantasiebegabten Näherin im Vatikan erfunden.

13. Demokratie in der Kirche? Die Konzilien

Seit vielen Jahrhunderten arbeitet die Kurie im Schatten der Päpste wie eine Präzisionsmaschine, nach exakt festgelegten Regeln, gründlich, zuverlässig, schleppend. Eines kann man von der Kurie nicht erwarten: dass sie über Neuerungen in der Kirche erfreut wäre – oder gar selbst den Anstoß zu Veränderungen gäbe. Mögen die Wogen der Zeit noch so ungestüm gegen die hohen Mauern der Festung Vatikan anbranden, innerhalb dieser Festung lässt man sich davon kaum beeindrucken. Denn das Grundprinzip der Kirche heißt Kontinuität: der Zeit trotzen; jeden Wandel ohne Verluste überstehen; dem Vergänglichen das Ewige entgegensetzen.

Aber bisweilen passiert es doch, dass Kurie und Papst aufschrecken, weil der Lärm der Zeit zu einem schrillen Getöse anschwillt oder sich in der Kirche Dinge ereignen, die den sorglosesten Papst nicht mehr schlafen lassen. Wenn die Lage also ganz verfahren ist und die Kirche erst einmal wieder zur Besinnung kommen muss, dann mobilisiert ein Papst alle Kräfte der Christenheit und beruft ein Konzil ein.

Ein Konzil ist eine allgemeine Kirchenversammlung. Also eine Art Kongress, zu dem alle erscheinen, die in der Kirche Rang und Namen haben: die Bischöfe, die Ordensoberen und bedeutende Theologen. Konzilien sind meist Riesenveranstaltungen mit Hunderten von Teilnehmern, und immer ist es Sinn und Zweck eines Konzils, die Kirche wieder in Form zu bringen, sie für die Zukunft zu rüsten, ihr neues Selbstvertrauen zu geben. Eigentlich also eine gute Sache; dennoch wurden Konzilien sehr selten einberufen. Nicht nur weil die Päpste den enormen Aufwand scheuten, sondern vor allem weil den meisten die ganze Sache grundsätzlich nicht geheuer war. Dafür gibt es zwei Gründe, und du als Papst solltest dir rechtzeitig überlegen, ob diese Gründe auch für dich zählen.

Der erste Grund: Auf Konzilien geht es demokratisch zu. Da wird, wie in der Politik, wie in einem Parlament, im großen Kreis beraten und diskutiert und gestritten und am Ende abgestimmt. Aber – kann man über die Wahrheit abstimmen? Darf die Mehrheit der Stimmen den Ausschlag dafür geben, ob ein Glaubensgrundsatz wahr oder falsch ist? Bei Glaubensfragen geht es ja immer um den rechten Weg zum ewigen

Leben und darüber kann man eigentlich genauso wenig abstimmen wie über die Farbe des Himmels.

Nach uraltem christlichem Verständnis gelangt die Kirche daher auf eine andere Weise zur Erkenntnis der Wahrheit: durch **Offenbarung**. Das heißt, Gott selbst teilt die Wahrheit mit, und zwar durch den Heiligen Geist in Form einer göttlichen Eingebung. Oder wie der Apostel Paulus sagt: Der Heilige Geist verrät uns die Geheimnisse Gottes. Der Mensch kann Gott also nur um die Erkenntnis der Wahrheit bitten und hoffen, dass Gott sie ihm schenkt.

Ein förmliches Abstimmungsverfahren passt schlecht zu dieser Vorstellung. Mag sein, dass obendrein auch der Verdacht besteht, die Abstimmenden könnten sich weniger vom Heiligen Geist als vielmehr von ganz irdischen, nämlich privaten Interessen leiten lassen. Jedenfalls hat sich in der katholischen Kirche die Überzeugung durchgesetzt, der Heilige Geist würde sich eher auf direktem Wege denjenigen mitteilen, die einen besonders guten Draht zu Gott haben, also den Bischöfen und vor allen Dingen dem Papst.

Deshalb spielt die Demokratie innerhalb der Kirche bis heute eine untergeordnete Rolle, sie ist geradezu verpönt, und daher galt ein Konzil immer nur als Notlösung.

Und der zweite Grund, warum Konzilien nur selten einberufen wurden: Sie waren für die Päpste lange Zeit eine ärgerliche Konkurrenz. Es hätte ja sein können, dass ein Konzil die Macht des Papstes beschneidet. Dass die versammelten Kirchenväter beschließen: Nicht mehr der Papst, sondern das Konzil stellt die höchste Autorität in der katholischen Kirche dar. Dann wäre es vorbei gewesen mit seiner einzigartigen Sonderstellung zwischen Gott und den Menschen.

Doch ohne die Konzilien wäre die Kirche womöglich untergegangen. Immer war es ein Konzil, das die Kirche in den großen Krisen ihrer Geschichte, im letzten Augenblick sozusagen, gerettet hat. Und nur Konzilien haben die enorme Energie freisetzen können, die nötig war, um längst fällige Veränderungen vorzunehmen. Allerdings – auch ein Konzil ist kein Allheilmittel. Auch Konzilien haben Fehler begangen. Bevor wir zur Zukunft von Papst und Kirche kommen, sollten wir deshalb noch einmal einen Blick zurück in die Vergangenheit werfen und die drei letzten, großen Konzilien Revue passieren lassen.

Das Konzil von Trient

Im Jahr 1545 befindet sich die Kirche in einer verzweifelten Lage. Die Reformation hat in weiten Teilen Europas gesiegt, und jetzt kann der Papst nicht mehr anders, jetzt ist er gezwungen, ein Konzil einzuberufen, bevor auch noch der Rest Europas an die Protestanten verloren geht.

In jenem Jahr versammeln sich die Kirchenvertreter in der kleinen norditalienischen Stadt Trient. Ihre Aufgabe: Die Protestanten für die katholische Kirche zurückzugewinnen. Deshalb werden auch Vertreter der evangelischen Seite nach Trient eingeladen – vielleicht gelingt es ja doch noch, durch Kompromisse eine Union mit den Protestanten herbeizuführen. Die aber wollen nicht und kommen auch erst gar nicht. Der Papst muss einsehen, dass halb Europa für die Kirche verloren ist. Und jetzt setzt er der Kirchenversammlung in Trient ein neues Ziel: die katholische Glaubenslehre so präzise zu fassen, dass sie sich klar und deutlich von der Lehre der Reformatoren unterscheidet. Also scharfe Abgrenzung von den Protestanten.

Das Konzil verläuft turbulent. Die Bischöfe geraten sich buchstäblich in die Haare, und als die Konzilsväter 1563 ihre Arbeit beenden, nach achtzehn dramatischen Jahren, sind darüber fünf Päpste verstorben. Ein Erfolg ist es dennoch. Denn in Trient erhält die katholische Theologie ihre heutige Form und die Kirche findet zu neuem Selbstbewusstsein.

Das Erste Vatikanische Konzil

Ganz anders und doch ganz ähnlich ist die Situation im Jahr 1869. Eine so stürmische Entwicklung wie im 19. Jahrhundert hat die Menschheit noch nie erlebt. In atemloser Folge jagen sich naturwissenschaftliche Entdeckungen und technische Erfindungen, immer neue politische Ideen und Weltanschauungen tauchen auf und machen dem Christentum Anhänger streitig. Die Kirche fühlt sich von allen Seiten bedroht. Sie verbarrikadiert sich hinter den hohen Mauern des Vatikans und weiß sich nicht anders zu helfen, als diese ganze Welt des Fortschritts zu verdammen. In seiner Not beruft der Papst 1869 das nächste Konzil ein. Das erste Konzil seit dreihundert Jahren ...

Tagungsort ist der Vatikan, der Petersdom selbst, der einzige geschützte Ort in dieser gottverlassenen Zeit. Noch nie sind so viele Bischöfe und Theologen zu einem Konzil angereist – fast achthundert versammeln sich zu den Sitzungen im rechten Flügel des Petersdoms. Aber es sind auch noch nie so viele Konzilsväter vorzeitig wieder abgereist. Bald zeigt sich nämlich, dass die Kirche selbst tief gespalten ist.

Der Papst will die Kirche auf einen klaren Gegenkurs festlegen. Er ist überzeugt: Fortschrittsglaube und Gottesglaube sind unvereinbar. Er sieht das Ende der Kirche kommen, wenn es nicht gelingt, sie zu einem uneinnehmbaren Bollwerk gegen den Zeitgeist auszubauen. Deshalb soll nun vor allem eins beschlossen werden – die **Unfehlbarkeit** des Papstes. Noch ein Stück näher an Gott heranrücken will der Papst, noch etwas mehr Gewicht soll seine Stimme bekommen.

Doch die besten Theologen und die vernünftigsten Bischöfe des Konzils lehnen das entschieden ab. Sie halten es für eine törichte, völlig überflüssige Machtdemonstration und verlassen Rom verärgert noch vor der Abstimmung. So kommt eine deutliche Mehrheit für die Unfehlbarkeit des Papstes zustande. Mit anderen Worten: Das Konzil entmachtet sich selbst, als es beschließt, dass die »*Definitionen des Papstes unabänderlich*« sind »*und nicht von der Zustimmung der Kirche abhängig*«.

Tags darauf, am 19. Juli 1870, bricht der Deutsch-Französische Krieg aus; die verbliebenen Teilnehmer reisen nun auch schleunigst ab und die Fortsetzung des Konzils wird verschoben, auf unabsehbare Zeit.

Dem **Ersten Vatikanischen Konzil** war also kein Erfolg beschieden. Im Gegenteil. Es war eine ziemliche Katastrophe. Es wollte die Welt mit ihren fatalen Irrtümern aus der Kirche verbannen, hat aber nur erreicht, die Kirche aus der Welt auszuschließen. Das Ergebnis war die geistige Isolierung der Kirche. Die Katholiken reagierten auf dieses Konzil enttäuscht; kein Mensch kann ja auf Dauer alles, was um ihn her geschieht, in Bausch und Bogen verurteilen und ablehnen. Pius IX., der Papst des Ersten Vatikanischen Konzils, galt deshalb schon zu seiner Zeit als ein Unglück für die Kirche. Er war so unbeliebt, dass die Römer versuchten, seinen Sarg in den Tiber zu werfen, als er in einer feierlichen Prozession vom Petersdom nach San Lorenzo überführt wurde, wo Pius IX. seine letzte Ruhe finden wollte.

Ein umso größeres Glück für die Kirche war Johannes XXIII., jener Papst, der hundert Jahre danach das **Zweite Vatikanische Konzil** einberief.

Das Zweite Vatikanische Konzil

Johannes XXIII. ist ein Mann des Volkes. Der Sohn armer Bauern. Mit seiner Leibesfülle, mit seinem bäuerlichen Gesicht sieht er so gar nicht wie ein Papst aus. Und er macht auch vieles anders. Er ist unbefangener, herzlicher, gütiger als frühere Päpste. Er mag kein frommes Theater. Aber er mag die Menschen. Er hört sich abweichende An-

sichten an und respektiert sie. Und als er 1962 das Zweite Vatikanische Konzil eröffnet, hofft er auf lebhafte, offene Diskussionen, auf einen wirklich freien Meinungsaustausch.

Wieder wird der Petersdom zur Kongresshalle umgebaut. Diesmal versammeln sich zweitausendsechshundert Konzilsväter aus aller Welt, so viele wie niemals zuvor, Kardinäle, Erzbischöfe, Bischöfe, Ordensobere und Theologen. Es ist die größte Kirchenversammlung aller Zeiten. Und ihr steht die schwere Aufgabe bevor, die Kirche endlich mit der modernen Welt zu versöhnen.

Der Papst möchte den Sprung in die Gegenwart wagen. Er möchte die Türen und Fenster der Kirche weit aufreißen und frische Luft hereinlassen. Wenn das Christentum wirklich auf ewigen Wahrheiten beruht, dann kann es auch in einer Welt bestehen, in der die Menschen Rock 'n' Roll tanzen und in den Weltraum fliegen. Johannes XXIII. verströmt echte christliche Glaubenszuversicht und das Konzil lässt sich von seinem Optimismus anstecken.

Wem diese Aufbruchstimmung ganz und gar nicht gefällt, das ist die Kurie. Also die Männer des päpstlichen Verwaltungsapparats, die das Konzil vorbereitet haben und jetzt alles daransetzen, jede Neuerung zu verhindern. Sie haben allerdings auch guten Grund, misstrauisch zu sein. Denn diesmal steht nicht die Macht des Papstes zur Debatte, sondern ihre eigene. Die Konzilsväter fragen sich nämlich: Sollte die Kirche nicht vom Papst und den Bischöfen geleitet werden? So wie in der Anfangszeit, als Petrus Hand in Hand mit allen übrigen Jüngern Jesu die ersten christlichen Gemeinden ins Leben rief? So etwas wie die Kurie war doch ursprünglich gar nicht vorgesehen!

Und jetzt geschieht ein kleines Wunder. Die Bischöfe treten mit neuem Selbstbewusstsein auf und der Widerstand der Kurie bricht zusammen. Wieder einmal schlägt die Stunde der Demokratie in der Kirche, und plötzlich ist allerhand möglich, was bis dahin undenkbar war. Die Inquisition wird abgeschafft. Freiere Formen des Gottesdienstes werden erlaubt. Und kein Latein mehr in der Messe! Künftig sollen die Priester die Messe in der Muttersprache ihrer Gemeinden feiern. Alles mit dem Ziel, den christlichen Glauben wieder ins Gespräch zu bringen und das Christentum auch für moderne, vernunftgläubige Menschen annehmbar zu machen.

Johannes XXIII. stirbt 1963, noch während das Konzil in vollem Gange ist. Sein Nachfolger Paul VI. setzt es fort und bringt es 1965 zum Abschluss. Die meisten Konzilsteilnehmer dürften nach diesen drei Jahren mit dem Gefühl nach Hause gefahren sein, dass eine neue, verheißungsvolle Zeit für die Kirche angebrochen sei. Aber war es tatsächlich ein Erfolg, dieses Zweite Vatikanische Konzil?

Auf jeden Fall hat es die Kirche gründlich verändert. Damit sind allerdings neue Probleme aufgetaucht – Probleme, die vielleicht sogar ein weiteres Konzil in nicht allzu ferner Zukunft erforderlich machen. Und da du womöglich der Papst sein wirst, der dieses nächste Konzil einberufen und leiten wird, wollen wir uns im letzten Kapitel dieses Buchs mit den Schwierigkeiten beschäftigen, vor denen die Kirche heute steht.

14. Kirche und Papst in Zukunft

Unter den Teilnehmern des Zweiten Vatikanischen Konzils befand sich ein brillanter, junger Theologe aus Deutschland. Er war als Berater des Kölner Kardinals Joseph Frings mit nach Rom gekommen. Dieser junge Theologe war wie sein Kardinal der Ansicht, dass der Kirche mehr Freiheit guttäte. Beide gehörten sie daher zu denjenigen Konzilsteilnehmern, die sich besonders leidenschaftlich für neue, offenere Formen des kirchlichen Lebens einsetzten. Es dürfe ruhig etwas bunter und ungezwungener in der Kirche zugehen, meinten sie, es gebe zu viele Vorschriften und Gesetze und zu wenig Begeisterung, zu wenig Verständnis, zu wenig Liebe.

Der junge Theologe war Joseph Ratzinger. Heute nennt er sich Benedikt XVI., ist Papst und denkt mit sehr gemischten Gefühlen an das Zweite Vatikanische Konzil zurück. Die Erwartungen der Konzilsväter, sagt er, habe dieses Konzil nicht erfüllt. Und seine eigenen auch nicht.

Seither sei der Glaube immer mehr verwässert worden, meint der Papst. Vor dem Konzil habe sich die Kirche abgeschottet, nach dem Konzil sei sie in den entgegengesetzten Fehler verfallen. Danach habe sie mit aller Macht modern und beliebt und für alles offen sein wollen, habe es allen Menschen recht und vor allem leicht machen wollen. Dabei sei eine Art Wohlfühl-Christentum herausgekommen – harmlos, gut verträglich und leicht verdaulich. Der Ernst des Glaubens aber sei auf der Strecke geblieben. Immer dünner sei die Suppe geworden, die man in den Kirchen als Christentum serviert bekomme. Heute lege es die Kirche darauf an, den Menschen zu gefallen, aber genützt habe ihr das nichts.

Zu dem erhofften Aufbruch ist es nach dem Zweiten Vatikanischen Konzil jedenfalls nicht gekommen. Im Gegenteil. Immer mehr Menschen treten aus der Kirche aus. Immer mehr glauben, auf Gott und die Kirche ganz verzichten zu können. Kaum noch jemand weiß etwas mit den hohen kirchlichen Feiertagen anzufangen, mit Ostern oder Himmelfahrt. Ein Drittel der Deutschen hält Weihnachten für ein Märchen der Gebrüder Grimm. Und der Buddhismus ist in Deutschland mittlerweile beliebter als das Christentum, wie eine Umfrage ergeben hat. Selbst von den Jugendlichen, die der katholischen Kirche angehören, ist nur noch jeder Vierte gläubig. Ob katholisch oder evangelisch, das Christentum befindet sich auf dem Rückzug, und ein christlicher Gottesdienst wirkt auf viele beinahe schon wie ein exotisches Ritual, sehr fremdartig und etwas peinlich. Ist der Untergang der Kirche absehbar?

Ungläubig ist die Welt nur aus europäischer Sicht

Für jemanden, der Papst werden möchte, könnte es tröstlich sein zu wissen: Der Untergang der Kirche stand in den letzten zwei Jahrtausenden schon oft bevor. Bereits im 5. Jahrhundert klagte der Kirchenvater Augustinus, dass es in seiner Zeit kaum noch echte, ernsthafte Christen gebe. Und als Gregor der Große gegen Ende des 6. Jahrhunderts Papst wurde, fand er die Kirche in einer trostlosen Lage vor. *»Ich Unwürdiger und Schwacher«*, schrieb er, *»habe ein altes und von den Wellen arg mitgenommenes Schiff übernommen, in das von allen Seiten die Wogen eingedrungen sind und dessen morsche Planken, unablässig von Stürmen gepeitscht, den nahen Schiffbruch ankündigen.«* Ganz ähnlich klingt es, wenn Benedikt XVI. heute die Kirche mit einem Stern vergleicht, der seinen Glanz verliert und womöglich immer weiter schrumpft, bis auf Zwergengröße. Aber der Papst weiß auch, dass das nur die halbe Wahrheit ist. Denn entmutigend ist der Zustand der Kirche nur in Europa.

Es ist merkwürdig. Europa ist auf dem besten Weg, ein Kontinent ohne Religion zu werden. Aber nur Europa. Überall sonst auf der Welt ist die Religion nach wie vor ein selbstverständlicher Bestandteil des Lebens. Vor allem in den islamischen Ländern und der Dritten Welt halten die Menschen an ihrem Glauben fest. Jungen Israelis bedeutet ihre Religion sogar mehr als ihren Eltern. Und selbst unter den jungen Katholiken außerhalb Europas bekennen sich mehr als zwei Drittel dazu, gläubig zu sein. Ungläubig erscheint die Welt also nur aus europäischer Sicht. In Afrika und Asien strömen die Menschen des Sonntags in die Kirchen, dort haben auch die Orden Zulauf, dort wächst die Zahl der Mönche und Nonnen.

»Die größte Stärke der katholischen Kirche«, sagt Pater von Gemmingen, *»kommt heute aus Ostasien. Denn wenn ein Vietnamese oder Chinese Christ wird, muss er sich von seiner eigenen Kultur trennen. Er*

nimmt eine völlig andere Denkweise an. Das kostet Kraft, das setzt einen starken Glauben voraus. Ein Europäer oder Südamerikaner wächst einfach in die christliche Kultur hinein. Aber für einen Menschen in Ostasien hat die Entscheidung fürs Christentum ganz andere Konsequenzen und darum auch eine größere Bedeutung.«

Das heißt: Die Kirche wächst gerade dort, wo es Menschen nicht leicht gemacht wird, Christ zu sein. In Europa verliert sie an Boden – und sammelt außerhalb Europas neue Kraft

Es könnte also sein, dass du als Papst eine andere Kirche vorfinden wirst als die, die wir heute kennen. Eine Kirche, die wieder eine ähnliche Situation erlebt wie in ihrer Anfangszeit, als der Glaube an den einen Gott aus seiner Heimat Israel in eine fremde Welt vorstieß. Damals trat die Botschaft Jesu Christi ihren Siegeszug unter Griechen, Römern und Germanen an, unter Menschen also, die einer ganz anderen Kultur angehörten als Jesus Christus und seine Jünger. Lange Zeit war das Christentum dann in der europäischen Geschichte verankert und die europäische Kultur war ihrerseits im Christentum verankert. Und heute scheint sich der Glaube eine neue Heimat in Afrika und Asien zu suchen, also wiederum in einer fremden Welt.

Die Kirche, die du einmal leiten würdest, wird womöglich tatsächlich eine echte Weltkirche sein, in der alle kulturellen Erfahrungen dieser Erde zusammenfließen, die der Asiaten und Afrikaner genauso wie die der Europäer und Amerikaner.

Ein rebellischer Papst ist ein guter Papst

Natürlich wird auch künftig kein Papst Europa verloren geben. Johannes Paul II. und Benedikt XVI. haben beide vorgemacht, wie man den Glauben auch in Europa wieder ins Gespräch bringen, wie man die Europäer wieder auf das Christentum neugierig machen kann: durch das persönliche Vorbild. Durch Glaubwürdigkeit und Liebenswürdigkeit im Umgang mit den Menschen, durch Unerschütterlichkeit und Eindeutigkeit in Glaubensfragen.

Ein schönes Beispiel dafür ist die Besuchsreise, die Benedikt XVI. im Jahr 2008 nach Frankreich unternahm. Frankreich ist für einen Papst immer ein heißes Pflaster. Kein anderes Volk als die Franzosen hat jemals versucht, das Christentum per Gesetz aus der Welt zu schaffen. Und kein anderes Land hat heute das Christentum so weit aus dem öffentlichen Leben verdrängt wie Frankreich. Aber von Benedikt XVI. waren auch die Franzosen überwältigt. Wenn er auf dieser Reise einen Vortrag hielt, blieb kein Stuhl leer. Viele im Publikum hätten sich nicht als Christen bezeichnet, aber alle waren sie begierig zu hören, was der Papst zu sagen hatte. Im Stillen ist sie wohl doch noch überall lebendig, die Ahnung, dass der Papst der Wahrheit näher kommt als jeder gewöhnliche Mensch. Und dass er etwas zu sagen hat, das niemals in Vergessenheit geraten darf.

Offen aussprechen, was man glaubt und denkt, ohne Engstirnigkeit und Glaubensfanatismus, aber auch ohne ängstliche Rücksicht auf Andersdenkende – das wird von einem Papst erwartet, besonders in Krisenzeiten. Benedikt XVI. hat es deshalb zu seinem Programm gemacht, den allgemeinen Gewissheiten zu widersprechen. Er ist davon überzeugt, dass die Kirche nur überlebt, wenn sie Widerstand leistet. Widerstand gegen das, was bei uns im Westen an die Stelle der Religion getreten ist: die Illusion vom schnellen Glück durch Konsum und Sex zum Beispiel.

Die Kirche darf eben nicht einfach mitmachen. Sie darf nicht zeitgemäß sein. Ein Christentum, das sich den herrschenden Lebensgewohnheiten anpasst, ist nichts mehr wert. Es wird also auch in Zukunft zu den Aufgaben eines Papstes gehören, sich um die Menschheit Sorgen zu machen, unheilvolle Entwicklungen vorherzusehen, vor Selbstüberschätzung und Selbstherrlichkeit zu warnen und den Menschen ins Gewissen zu reden, wann immer auf der Welt die Gewalt zunimmt oder ganz allgemein die Achtung vor dem menschlichen Leben schwindet.

Sich nicht hinter ewigen Wahrheiten verschanzen

Andererseits darf ein Papst nicht überall Gefahren wittern. Er muss sich Fragen gefallen lassen, er müsste sich auch selbst Fragen stellen. Wie soll sich die Kirche beispielsweise zu den anderen großen Religionen dieser Welt verhalten? Ist ein freundschaftliches, vielleicht sogar brüderliches Verhältnis zum Islam oder zum Buddhismus möglich?

Seit dem Zweiten Vatikanischen Konzil ist auf diesem Gebiet schon viel geschehen. Die Kirche hat ihre alte Berührungsangst abgelegt. Sie hat eingesehen, dass sie sich die Verantwortung für Gerechtigkeit und Frieden auf dieser Erde mit allen anderen Religionen teilt. Heute redet man miteinander, lernt im besten Fall sogar voneinander, und plötzlich stellt man sich im Vatikan Fragen, die der Kirche früher nie gekommen wären: Ist es möglich, dass sich Gott auch im Hinduismus offenbart? Schlägt sich vielleicht auch im Buddhismus eine ewige Wahrheit nieder? Äußert sich der Wille Gottes nicht genauso im Islam?

Das Ziel dieser Gespräche mit den Vertretern anderer Religionen ist nicht, die Unterschiede zu verwischen, sondern die Unterschiede zu ertragen und sich trotz aller Unterschiede näherzukommen. In der Hoffnung, sich am Ende über den Weg zu einem friedlichen Zusammenleben aller Menschen einig zu werden.

Und dann müsste sich ein Papst fragen, ob die Kirche nicht menschliche Gesetze, vielleicht sogar unmenschliche Gesetze als göttliche Gesetze verteidigt. Nehmen wir als Beispiel einen Fall, der sich so zugetragen hat. Da will ein Mann mit dem Segen der Kirche heiraten. Kein Problem, sollte man sagen, doch die Kirche verweigert ihm die Trauung, weil er querschnittsgelähmt ist und voraussichtlich sein Leben lang keine Kinder zeugen kann. Nach der Überzeugung der katholischen Kirche aber sind Kinder der eigentliche Zweck der Ehe, und nach den Gesetzen der Kirche darf ein Priester nur dann ein Paar trauen, wenn es in der Lage ist, Kinder in die Welt zu setzen. Der Ehe eines Querschnittsgelähmten mag die Kirche deshalb ihren Segen nicht spenden.

Natürlich ist eine solche Entscheidung verletzend. Sie ist unmenschlich. Müsste das Kirchenrecht in diesem Punkt also nicht geändert werden? Müsste es nicht auch in anderen Punkten geändert werden, wo sich die kirchlichen Moralvorstellungen ähnlich hart und unmenschlich auswirken? Was ist mit dem Zölibat? Ist es ein göttliches Gesetz, das von Priestern verlangt, ehelos zu bleiben, oder ein menschliches? Und sollte sich die Kirche nicht doch mit manchem abfinden, was heute üblich ist? Sollte sie zum Beispiel nicht mehr Verständnis aufbringen für Ehepaare, die sich scheiden lassen wollen? Kurzum: Stehen kirchliche Gesetze nicht tatsächlich manchmal der Menschlichkeit und der Liebe im Wege?

Für einen künftigen Papst gäbe es also einiges zu tun. Und es ist sehr wahrscheinlich, dass die verschiedenen Kongregationen und Kommissionen des Vatikans sich auch noch dann mit diesen Fragen beschäftigen, wenn du eines Tages den Heiligen Stuhl besteigen solltest. Die Kirche kennt eben keine Eile. Sie wandelt sich nicht von heute auf morgen. Das ist manchmal ihre Schwäche. Aber das ist auch ihre Stärke. Ein Papst ist um seine Aufgaben also nicht zu beneiden. Einerseits muss er die Kirche auf Kurs halten und unversehrt durch die Stürme der Zeit manövrieren. Und andererseits darf er sich nicht stur hinter ewigen Wahrheiten verschanzen, sondern sollte zur Versöhnung beitragen, statt zu verurteilen, und im Zweifelsfall – um es einmal so zu sagen – nicht päpstlicher sein als der Papst.

In einem Punkt ist die Kirche bis heute ganz europäisch geblieben: was die Herkunft eines Papstes betrifft. Bislang wird von einem Papst immer noch erwartet, dass er der europäischen Zivilisation entstammt, im europäischen Denken zu Hause ist, die europäische Mentalität kennt und an einer europäischen Universität studiert hat.

Aber das könnte sich bald ändern. Schon beim letzten Konklave im Jahr 2005 kam aus den katholischen Ländern Europas, aus Polen, Irland, Spanien, Frankreich und Italien kein geeigneter Kandidat für den Heiligen Stuhl mehr. Schon damals hatte man neben Kardinal Ratzinger einen südamerikanischen Anwärter ins Auge gefasst. Südamerikaner dürften auch in Zukunft die besten Chancen von allen Nichteuropäern haben, schon deshalb weil sie von ihrer Kultur her halbe Europäer sind.

Doch wer weiß – vielleicht wird es noch in diesem Jahrhundert den ersten afrikanischen Papst geben. Wenn du also wirklich mit der Idee spielst, Papst zu werden, solltest du deine Entscheidung nicht mehr allzu lange hinauszögern.

Kleines Papst-Lexikon

(Hinter jedem Stichwort findest du die Seite, wo das Wort im Buch erklärt wird.)